더 이상
오해받지 않는
말투의 기술

TSUTAEKATA DE SONSURU HITO TOKUSURU HITO
Copyright ⓒ 2024 Takuya FUJITA
Original Japanese edition published in Japan by SB Creative Corp.
Korean translation rights arranged with SB Creative Corp.
through Imprima Korea Agency.
Korean translation copyright ⓒ 2025 by Gilbut Publishing Co., Ltd.

이 책의 한국어판 저작권은 Imprima Korea Agency를 통해 SB Creative Corp.와의 독점계약으로 길벗에 있습니다.
저작권법에 의해 한국 내에서 보호를 받는 저작물이므로 무단전재와 무단복제를 금합니다.

제안, 부탁, 거절, 사과까지
손해는 줄이고 호감은 높이는 상황별 솔루션

더 이상 오해받지 않는 말투의 기술

후지타 다쿠야 지음 | 송해영 옮김

더 퀘스트

프롤로그

"나는 그냥 말했을 뿐인데, 오해를 샀다?!"

혹시 회사에서 말솜씨가 없어 내가 한 일에 대해 제대로 인정받지 못한 적이 있는가? 거절이나 요청을 해야 할 때 어떻게 말해야 할지 고민하다가 할 말을 못 해서 결국 손해를 보진 않았는가? 종종 말 한마디 잘못해서 의도하지 않게 불편한 상황을 만드는가? 다른 사람들은 능숙하게 문제를 해결하고 상대방과 대화도 잘하는데, 유독 나는 말만 하면 오해를 받고 관계가 틀어지는가?

당신을 괴롭게 하는 고민의 대부분은 '말'에서 비롯된 것일지도 모른다. 제안서가 통과되지 않았을 때, 함께 일하는 동료에게 협업을 요청할 때, 상사를 설득하기 힘들 때, 남의 부탁을 도저히 거절할 수 없을 때 등 우리는 하루도 빼놓지 않고 어려운 상황에서 상대와 대화를 해야 한다. 또한 매일같이 누군가의 얼굴을 마주하거나 전화, 메일, 메신저, SNS를 통해 의사를 전달하고 전달받는다.

이때 눈인사를 제외한 거의 모든 상황에 등장하는 것이 말이다. 말은 당신의 생각을 상대방에게 전달하는 매개체 역할을 한다. 이 말을 어떻게 하느냐에 따라 상대방은 당신의 생각에 흔쾌히 동의할 수도 있고, '이 사람은 왜 이런 식으로 말하는 거지?'라는 생각이 들어 당신에게 향하던 마음을 거둘 수도 있다. 심지어 어떤 말은 상대방에게 '이 사람에게 나는 별것 아닌 존재인가?'라는 오해를 심어줄 수도 있다.

말로 전하려는 내용, 즉 의도가 아무리 좋아도 말로써 상대방을 설득하고 내 편으로 만들지 못하면 머릿속에 그리던 결과는 점점 멀어질 뿐이다. 일에서든 관계에서든 원하는 것을 얻지 못하는, 그야말로 말 한마디로 손해를 보는 상황이다. 만약 지금 당신에게 풀어야 할 문제, 과제가 있다면 그 실마리는 말의 표현 방식에 있을지도 모른다.

평소 말투 하나, 단어 하나 때문에 손해를 본다고 느낀 적은 그리 많지 않을 것이다. 하지만 반대로 생각해보자. 당신은 남의 말 한마디에 의욕이 사라진 적이 없는가? 따지고 보면 같은 뜻인데 어떤 말에는 힘이 나고, 어떤 말에는 불쾌해진 적은 없는가? 말은 생각과 감정을 다른 형태로 변환한 것이다. 듣는 사람은 그 말을 다시 의미와 감정과 의사로 변환해서 이해한다. 그러므로 말을 어떻게 하느냐에 따라 상대방의 감정을 좋은 방향으로도, 나쁜 방향으로도 움직일 수 있다.

말이 필요하지 않은 일은 세상에 거의 없다. 커뮤니케이션이 없으면 건강한 인간관계를 쌓는 것도 불가능하다. 말은 모든 것을 움직이는 시작점이라고 해도 과언이 아니다.

아무리 뜻이 좋아도 오해를 사는 말투란?

우리는 수많은 단어 중에서 필요한 단어를 고르고, 조합하고, 다른 말로 바꾸면서 자신의 감정과 생각을 표현한다. 이 '표현'이라는 과정을 피해 갈 수 있는 사람은 아무도 없지만, 상황에 맞는 단어를 적확하게 고르는 것은 그리 쉬운 일이 아니다.

만약 당신이 상사라면 부하 직원에게 일을 요청할 때 어떻게 표현하는가? "이것 좀 해줘"라고 말하는가? 그렇게 말하면 무뚝뚝하고 부하 직원을 위에서 내려다보는 듯한 느낌이 들어 권위적으로 보일 수 있다. 그렇다면 "이 일 좀 부탁할게"라고 말하면 어떨까? 아마 이 말을 나쁘게 받아들이는 사람은 거의 없을 것이다. 오히려 거만한 느낌이 들지 않도록 부드러운 어미를 골랐다는 점에서 배려심을 느낄지도 모른다. 하지만 알고 보면 이 말투는 '손해 보는 말투'다. 자기도 모르는 사이에 쓰기 쉽지만 한 끗이 아쉽다.

"이 일 좀 부탁할게"는 말 그대로 상대방이 어떤 일을 해줬으면 하는 의사를 있는 그대로 전달한다. 하지만 이처럼 단도직입적인 말은 낭비가 없는 대신 더 발전할 가능성도 없다. 상대방의 마음속에서 아주 조금이라도 긍정적인 변화를 일으키고 나아가 상대방의 행동을 바꾸고 싶다면, 이렇게 사실을 있는 그대로 전하기만 하는 말투는 이득은커녕 자칫 손해를 볼 수도 있다.

이럴 때 "네 힘을 빌리고 싶어"라고 바꿔 말해보자. 자신의 힘이 누군가에게 도움이 된다는 생각에 기분이 좋아질 것이다. 일을 부탁하는 것도 자신이 한가해 보이거나 남의 요청을 잘 들어줄 것 같아서가 아니라 능력을 기대하기 때문이라고 상상할 여지가 있다. 부탁하려는 일 자체는 전혀 달라지지 않았다. 하지만 말투 하나로 변화를 만들어낼 수 있다.

나는 이공계 전공생으로, 대학교를 졸업하자마자 광고회사에 취직해서 지금까지 카피라이터로 일하고 있다. 정신을 차려보니 어느새 13년 차다. 때로는 광고라는 형태로, 때로는 서비스 그 자체를 통해 말과 메시지를 사람들에게 전해왔는데, 그야말로 상대방의 마음을 움직이는 표현 방식을 찾아 시행착오를 거듭한 나날이었다.

말 한마디로 사람과 일을 움직일 기회는 당신의 주변에도 수없이 많이 숨어 있다. 커뮤니케이션은 그만큼 일상과 떼려야 뗄 수 없는 관계다. 여기에 아주 작은 노력으로 기회를 찾고 좋은 결과를 쌓아간다면 당신의 인간관계뿐 아니라 당신에 대한 평판과 일에서도 이제껏 보지 못했던 커다란 변화를 경험할 것이다.

말투, 언제라도 쉽게 바꿀 수 있다

이 책은 필요할 때마다 탁 펼쳐서 읽을 수 있는 가이드 북이다. 그것도 당신의 일상적인 커뮤니케이션을 근본부터 바꾸는 가이드다. 말투와 태도에 관한 책은 많이 있지만 아마 그중에서도 이 책은 당신에게 가장 쉽게 다가갈 것이다. 요즘 Z세대는 '효율성'을 중시한다고 한다는데, 이 책은 그에 따라 편하게 읽고 금방 활용할 수 있는 신속성과 즉효성에 초점을 맞췄다. 특히 일러스트를 사용해서 오해받지 않는 말투는 O, 손해를 보는 말은 ×로 분명하게 구분해놓았다. 따라서 빠르고 직관적으로 필요한 말투와 상황을 찾아볼 수 있다.

표현 방식은 누구든, 언제든, 어디서든 바꿀 수 있다. 특별한 훈련도, 오랜 공부도 필요하지 않고, 돈도 들지 않는다. 시간을 들여 배우고 익혔더니 막상 실생활에서 적용하기 어려워 흐지부지되는 일도 없다. 우리가 무언가를 표현하지 않는 날은 거의 없으며, 우리가 한 말은 상대방의 안에 차곡차곡 쌓인다. 그렇기에 이 책에서는 먼 미래가 아니라 지금 당장 도움되는 내용을 중요하게 다루었다.

물론 올바른 표현만 소개하면 여러 상황에 응용하기가 힘들다. 그래서 본격적으로 올바른 표현을 소개하기 전에, 상대방이 느끼는 인상을 극적으로 바꾸고 바라는 결과를 끌어내는 말투의 원칙들을 함께 소개한다. 이는 당장 눈앞에 닥친 커뮤니케이션의 다양한 문제에 대처할 수 있는 구체적인 이론이다.

동료 직원에게 일을 '부탁'할 때, 고객에게 '제안'할 때, 상대를 '설득'할 때, 좀처럼 입이 떨어지지 않는 '거절'과 '지적'을 할 때 어떤 말을 고를지는 매우 중요한 문제다. 말은 단순한 음절의 연속이 아니라 우리의 감정과 행동, 심지어 삶을 형성하는 도구다. 말이라는 도구를 활용해 당신이 상대방과 오해 없이 말하고, 일적으로 손해 보지 않으며, 상대방에게서 호감을 얻게 된다면 더할 나위 없이 기쁠 것이다.

차례

프롤로그 "나는 그냥 말했을 뿐인데, 오해를 샀다?!" 004

CHAPTER 1 아주 작은 말투의 기적

01	사람의 마음을 움직이는 말투는 따로 있다	019
02	'밝은 미래' 혹은 '어두운 미래' 보여주기	021
03	표현에 자부심을 더하라	025
04	장벽(허들)을 낮추면 마음도 열린다	030

CHAPTER 2 손해 보지 않는 부탁의 기술

01	가벼운 일을 부탁할 때	040
02	시급한 일을 부탁할 때	042
03	마감 시한을 연기할 때	044
04	회의에서 의견을 물을 때	046
05	일 처리 방법을 물어올 때	048
06	자료 검토를 요청할 때	050
07	잠시 대화를 요청할 때	052
08	능력자에게 일을 부탁할 때	054

CHAPTER 3 원하는 것을 이끌어내는 제안의 기술

01	제안의 가치에 대해 말할 때	064
02	상대방의 문제를 알게 되었을 때	066
03	상대방의 고민을 파악하고자 할 때	068
04	상대방이 결정을 주저할 때	070
05	제안 검토를 요청할 때	072
06	해결 방안을 제시할 때	074
07	상대방의 의견을 부정할 때	076
08	비용 절감을 강조할 때	078

CHAPTER 4 — 성공을 이끄는 설득의 기술

01	부정적인 내용을 전해야 할 때	090
02	업무 미팅 자리를 제안할 때	092
03	상대의 관심을 끌어야 할 때	094
04	새로운 요구 사항을 제안할 때	096
05	예산 또는 가격 협상을 할 때	098
06	마감 기한을 미뤄야 할 때	100
07	상대방에게 중요한 역할을 맡길 때	102
08	계약 조건을 명시할 때	104
09	어려운 상황에서 설득할 때	106

CHAPTER 5 — 승낙을 쉽게 얻는 권유의 기술

01	만남을 제안할 때	116
02	아직 어색한 사이에 점심을 권할 때	118
03	회식 참여를 권할 때	120
04	약속 시간을 조율할 때	122
05	다음번 만남을 기약할 때	124
06	모임에 함께 가자고 권할 때	126
07	상대방을 위해 식당 예약을 했을 때	128
08	상대방의 생각을 더 듣고 싶을 때	130

CHAPTER 6 — 상처 주지 않는 거절의 기술

01	단호하게 거절하기 어려울 때	140
02	시간을 내기 어려울 때	142
03	규정에 맞지 않는 일을 거절할 때	144
04	불가능한 상황에서 거절할 때	146
05	기한이 촉박해 작업이 어려울 때	148
06	거절할지 말지 고민이 될 때	150
07	마음에 걸리는 점이 있을 때	152

CHAPTER 7 관계를 지키는 지적의 기술

01	일의 결과가 기대에 미치지 못할 때	160
02	피드백을 주고 싶을 때	162
03	프로젝트를 중간에 수정해야 할 때	164
04	좌절을 겪은 상대가 더 노력하길 바랄 때	166
05	상대의 잘못된 대처를 지적할 때	168
06	모두와 다른 의견을 내고 싶을 때	170
07	말하기 껄끄러운 사실을 말해야 할 때	172
08	상대방이 구체적으로 말해주었으면 할 때	174

CHAPTER 8 감정 상하지 않게 피드백하는 기술

01	부족한 점을 지적할 때	182
02	상대가 일을 완수하지 못했을 때	184
03	반복되는 실수를 지적할 때	186
04	일이 상대방의 역량을 벗어났을 때	188
05	실수가 잦은 상대방에게 조언할 때	190
06	부정적인 피드백을 전할 때	192
07	디테일이 부족한 상대방을 타이를 때	194
08	실패의 원인을 알려줄 때	196
09	상대방에게 주의해달라고 말할 때	198

CHAPTER 9 의도를 정확하게 전하는 보고의 기술

01	회의를 요청할 때	210
02	상대방에게 부담 없이 요청하라고 말할 때	212
03	급한 일로 회의 참석을 요청할 때	214
04	이전 이야기를 다시 해야 할 때	216
05	상대방에게 확인해달라고 요청할 때	218
06	보고 사항을 확인했을 때	220

07	구체적인 설명을 요청할 때	222
08	상대방의 생각을 참고하고 싶을 때	224
09	궁지에 몰려 도움을 청할 때	226

CHAPTER 10 효과가 두 배로 뛰는 칭찬의 기술

01	상대방의 일 처리 능력을 칭찬할 때	236
02	여러 사람이 힘을 합쳐 성공했을 때	238
03	꾸준히 성과를 내는 사람을 칭찬할 때	240
04	직원이 새로운 관점을 제시했을 때	242
05	보고서가 잘 정리되어 있을 때	244
06	상대방과 신뢰를 쌓고자 할 때	246
07	손윗사람을 자연스럽게 칭찬할 때	248
08	모범이 되는 사람에게 존경을 표할 때	250
09	가볍게 칭찬하고 싶을 때	252
10	기대했던 성과를 낸 상대방을 칭찬할 때	254

CHAPTER 11 호감을 부르는 격려의 기술

01	상대방이 무언가 고민이 있는 것 같을 때	264
02	상대방이 고민을 털어놓기를 머뭇거릴 때	266
03	고민에 빠진 상대방의 의욕을 북돋울 때	268
04	어려운 도전에 직면했을 때	270
05	'잘할 수 있을까?' 걱정하는 상대방을 안심시킬 때	272
06	상대방이 인사이동으로 불안해할 때	274
07	번아웃이 온 동료를 격려할 때	276
08	새로운 도전을 앞둔 상대방을 응원할 때	278

CHAPTER 12 관계가 술술 풀리는 사과의 기술

01	열심히 했지만 실수한 결과에 대해 사과할 때	288
02	문제의 자초지종을 설명할 때	290
03	부하 직원의 실수에 대신 사과할 때	292
04	실패의 원인을 아직 모를 때	294
05	처음 사과의 말을 꺼낼 때	296
06	일단 무조건 사과부터 해야 할 때	298
07	위급한 문제 상황에 대응할 때	300
08	상대방에게 용서를 구할 때	302

CHAPTER 13 평범한 말에 매력을 더하는 말하기 기술

01	제품의 타깃을 명확히 할 때	316
02	상대방에게 동기부여할 때	318
03	제품의 다양한 기능을 강조할 때	320
04	구체적인 정보로 제안할 때	322
05	매력 포인트를 좁혀 강조할 때	324
06	관점을 바꿔 제안할 때	326
07	상대방이 잘 모르는 것을 소개할 때	328
08	평범한 대상을 인상 깊게 말할 때	330

에필로그 "사람의 마음을 움직일 수 있도록" 332

CHAPTER 1

아주 작은 말투의 기적

01
사람의 마음을 움직이는 말투는 따로 있다

오해는 줄이고 호감은 높이는 말투를 구사할 줄 알게 되면 일상 속 소소한 대화부터 중요한 결정까지 평범했던 커뮤니케이션이 나만의 무기로 다시 태어난다. 다만 무기를 꾸준히 사용하려면 좋은 말투의 기본 원리를 알아두어야 한다. 그래야 책에서 본 적 없는 장면과 맞닥뜨려도 그 상황에 걸맞은 말투를 사용할 수 있기 때문이다.

장점은 하나 더 있다. 앞서 오해받는 말투도 알고 보면 좋은 뜻에서 나온다고 이야기했다. 다만, 의사를 표현해야 하는 상황이 너무 많은 탓에 자기도 모르게 득 될 것 없는 말투를 버릇처럼 되풀이하는 것이다. 이럴 때 기본 원칙을 잘 알아두면 자신의 말투를 다시 점검하는 체크리스트로 활용할 수 있다.

말은 그 자체만 놓고 보면 각 단어가 지니는 의미의 합에 불과하다. 일 때문에 아무리 분주하다고 해도, "바쁘니까 좀 도와줘"라고만 말하는 것은 너무 직설적이다. 물론 바쁘다는 사실이 전해지고, 도와주기를 바라는 의도도 전해진다. 실제로 이렇게 말하기만 해도 도와주는 사람은 있을 것이다.

하지만 이 책에서 목표로 하는, 손해는 줄이고 호감은 높이는 말투는 듣는 사람의 마음을 움직이고 자기도 모르게 따르고 싶어지는 말투다. 사실을 있는 그대로 표현하기만 해서는 듣는 사람이 "좋아, 그럼 시간을 들여 제대로 도와줄게", "혹시 그 밖에 더 도와줄 일은 없을까?"라며 적극적으로 나서지 않을 것이다.

정확한 표현도 중요하지만, '단순히 사실을 전하는 말'에서 '듣는 사람에게 가닿는 말'이 되려면 말에 비전을 담아야 한다. 그러면 평범한 말투를 호감을 높이는 말투로 바꾸는 원리에 대해 알아보자.

02
'밝은 미래' 혹은 '어두운 미래' 보여주기

관계의 기본, '상호성의 법칙'

인간은 남에게서 무언가를 받으면 돌려줘야 한다는 생각을 갖기 마련이다. 이를 전문 용어로는 '상호성의 법칙'이라고 한다. 1971년 심리학자 데니스 리건이 주장한 상호성의 법칙은 오늘날 마트 내 시식 코너부터 신제품 샘플 증정 행사, 무료 세미나에 이르기까지 폭넓은 상황에 쓰이고 있으므로 아는 사람은 물론이고 몸소 체험한 사람도 많을 것이다. 쉽게 말해 '기브 앤드 테이크(give and take)'라고 할 수 있다.

내가 무언가를 베풀면 상대방은 보답이 될 만한 행동을 취하고 싶어진다. 이 단순한 구도가 커뮤니케이션의 기본이자

왕도다. 하지만 막상 실천해보면 꽤 어려운 일이다. 상대방에게 바라는 일을 밝히기만 해서는 상대방이 내 도움이나 혜택을 받았다고 느끼지 않기 때문이다.

반면 당신이 머릿속에 그리는 밝은 미래를 보여주면 다가올 수많은 미래 가운데 긍정적인 선택지를 제시해줬다는 생각에 상대방의 마음속에 고맙다는 감정이 싹튼다. 그 결과 긍정적인 선택지가 가리키는 방향으로 가고 싶다는 생각이 뿌리내리고, 행동이라는 열매가 맺힌다. 특히 다음과 같은 상황에서는 밝은 미래를 보여주는 것이 효과적이다.

- 제안이 채택되기를 바랄 때
- 일을 부탁할 때
- 설득할 때
- 반성의 뜻을 전할 때
- 단점을 지적할 때
- 격려할 때

즉 '상대방과 함께 긍정적인 방향으로 나아가고 싶은 상황'에서는 밝은 미래를 보여준다. 말하기 껄끄러운 사항이 있거나 상대방의 입장에서 다소 부정적인 측면이 있는 상황을 전해야 할 때는 더더욱 긍정적인 미래로 눈을 돌리게끔 해야 한다. 처음부터 상대방에게 이득이 될 만한 이야기를 그보다 더 밝은 미래로 치장하면 오히려 가식적으로 보이고 의심을 살 수 있기 때문이다.

그 밖에도 자신의 능력 부족을 탓하며 자기 부정에 빠진 사람을 위로할 때도 밝은 미래를 보여주는 것이 좋다. '자기 부정을 부정하는 것'은 상대방의 기분을 북돋우고 자신감을 불어넣어 줄 수 있다.

이해관계가 다를 땐 어두운 미래를 보여주어라

상호성의 법칙에는 비교적 덜 알려진 특성이 있다. 호의를 받으면 호의를 돌려주려는 것과 마찬가지로 적의의 대상이 되면 적의가 담긴 태도를 보인다는 것이다. 양보를 받으면 나도 모르게 마음속 벽이 허물어지고, 누군가 진심을 내보이면 나 역시 마음을 열게 된다. 따라서 만약 무언가 말하기 껄끄러운 상황에 놓여 있다면 밝은 미래뿐만 아니라 어두운 미래도 보여줘야 한다. 어두운 미래를 보여주면 상대방에게도 그 상황을 피하고 싶다는 감정이 생겨나고, 상대방은 어두운 미래를 피하기 위한 행동을 고민하기 시작할 것이다.

다음과 같은 상황에서는 어두운 미래를 보여주어라.

- 거절할 때
- 개선을 요구할 때
- 남을 가르칠 때
- 협상할 때

상대방에게는 이득이지만 당신은 손해를 감수해야 하는 상황이라든지 상대방이 별 관심 보이지 않는 내용을 어떻게든 전해야 하는 상황처럼 양쪽의 이해관계가 일치하지 않을 때는 어두운 미래를 보여주는 것이 좋다. 당신이 어떤 상황에 놓여 있는지 상대방이 상상할 수 있게 되면서 양쪽의 이해득실이 수평을 이루는 것이다. 남들이 내 의도를 알아주지 않아 답답하다면 그것은 상대방이 눈치가 없어서가 아니라 당신이 자신의 상황과 진심을 제대로 전하지 못했기 때문이다. 두 가지 미래를 상황에 따라 잘 구분해서 사용하자.

03
표현에 자부심을 더하라

자부심은 마음의 밑바닥이 아니라 입구에 있다

내가 광고회사에서 일할 때, 중요한 업무 중 하나로 경쟁 프레젠테이션이라는 게 있었다. 프로젝트 하나를 놓고 여러 회사와 팀이 각각 제안서를 발표하면 클라이언트가 가장 마음에 드는 광고 전략이나 캠페인 설계를 선정하는 것이다. 카피라이터로 일하다 보면 이런 경쟁 프레젠테이션에 많을 때는 1년에 10번도 넘게 참가한다.

이 때문에 나는 예전부터 '결국 이기는 제안 방식이란 무엇일까'라는 질문을 회사 선배뿐만 아니라 동종 업계 직원, 심지어 클라이언트에게도 던졌었다. 사업 환경과 프로젝트의 성격이 다른 만큼 돌아오는 답변은 제각각이었다. 제안서 내용만 보고 고른다는 사람이 있는가 하면, 각 사업에 대한 이해가 핵심이라는 사람도 있었다. 결국에는 인간미가 승패를 가른다는 사람마저 있었다. 각각 다른 답변에 정답은 좀처럼 보이지 않았다.

하지만 '실패하는 제안'에 관해 질문하자 신기할 정도로 공통점이 두드러졌다. 바로 '초반에 말머리를 잘못 잡으면 그대로 끝'이라는 것이었다. 듣는 사람이 초반에 '이건 아닌데' 하고 위화감을 느끼거나, 제안하는 사람이 전체적인 방향을 설명하는 단계에서 클라이언트를 확 사로잡지 못하는 경우를 예로 들 수 있다. 이런 제안은 후반에 인상이 좋아지거나 채택될 가능성이 거의 없다고 한다.

어떻게 말할지 생각하는 것은 상대방에게 '어떻게 전해질지'를 생각하는 것이다. 내 말을 받아들인 상대방이 어떻게 이해하고 의미를 해석할지, 그 해석이 상대방의 사상과 논리 속에서 감정을 어떻게 변화시킬지, 변화한 감정은 어떤 행동을 끌어낼지 찬찬히 생각해보면 사실 상대방의 마음 가장 가까운 입구에 있는 것은 '자부심'이라고 생각한다. 처음부터 상대방의 자부심을 건드려 자존심에 상처를 입히는 순간 다음 일이 매끄럽게 흘러가는 일은 없다고 봐야 한다.

자부심은 다양한 단어로 바꿀 수 있다. 자존심, 고집, 신념, 지론, 성공 경험 등이며 때로는 지향하는 미래를 표현하는 욕구나 바람이 되기도 한다. 다시 말해 그 사람이 가장 중요하게 여기는 것이다. 이처럼 뚜렷한 개성이 반영되기 쉬운 부분은 맨 마지막에 효과를 발휘하기 마련이라고 생각하는 사람이 많지만, 커뮤니케이션 과정에서는 이 부분을 상처입히지 않는 것을 최우선 과제로 삼아야 한다.

긍정적인 변화는 자부심에서 비롯된다

물론 상처입히지 않는 데 집중하느라 너무 신중하게 행동해서도 안 된다. 그러다 보면 필요 이상으로 몸을 사리게 되고 아무것도 전할 수 없기 때문이다. 전한다고 하더라도 에둘러 말하게 되므로 메시지에 자신의 의도를 제대로 담지 못하는 일이 생기기도 한다. 핵심은 자부심을 상대방과 내가 함께 채운다는 마음가짐이다. 만약 당신이 자신의 짐을 상대방에게 전부 떠넘기려는 생각이라면 지금 당장 그 생각을 버려야 한다.

상대방이 비용을 중시한다면 가성비가 높은 요금제를 함께 고민하자. 혹은 가족과 보내는 시간과 워라밸을 중시한다면 당신도 연락하는 시간을 업무 시간 내로 맞춰볼 수 있다. 당신이 진심으로 상대의 입장을 고려할 때 비로소 상대방도 의욕이 생긴다. 상대방이 가슴속에 품고 있는 자부심을 상상하고, 그 자부심이 내 것이라고 생각해보자. 이는 당신의 자부심을 상대에게 강요하는 것도, 상대방의 자부심을 마치 신처럼 떠받들며 상처 하나 입히지 않으려고 애쓰는 것도 아니다.

상대방의 모든 것에서 자부심을 찾아라

　그런데 심리상담사도 아닌 우리가 상대방의 자부심을 어떻게 알 수 있을까? 상대방이 남긴 흔적을 몇 가지 모아보자. 자료, 문서, 메일, 프레젠테이션 때 나눈 대화, 피드백, 회의에서 논의를 진행하는 방식, 회의록, 사내게시판에 올린 글 등 무엇이든 상관없다. 다양한 종류를 찾는 것이 중요하다.
　자부심이란 그 사람이 삶이나 일에서 특히 중요하게 여기는 가치관이므로 말이나 행동 어딘가에서 드러나기 마련이다. 데이터 위주의 보고서를 선호하는 유형이라면 자신의 감각보다 사용자의 생생한 후기를 중시할 것이다. 프레젠테이션에서 개요를 주목하는 유형이라면 전체상을 생각하면서 일을 그때그때 정리하는 식으로 진행할 것이다. 팀원 개개인의 의욕과 팀워크를 강조하는 유형이라면 평소 나누는 대화 곳곳에서 배려심이 묻어나올 것이다.

직장 동료처럼 가까운 사이라면 직접 물어볼 수도 있다. 물론 갑자기 "당신이 중요하게 생각하는 가치관은 무엇인가요?" 같은 질문을 받으면 누구든 당황해할 것이다. 그러니 "그 프로젝트에서 특히 중시한 점은 무엇인가요?", "최종 시안은 어떤 기준으로 골랐나요?" 하는 식으로 구체적인 사례를 곁들여서 물어보자. 그러면 상대방도 답하기 쉬울 것이다.

자부심이란 그 사람이 소중하게 여기는 것이므로 난관에 부딪히거나 고민에 빠졌을 때 더 뚜렷이 드러난다.

04
장벽(허들)을 낮추면 마음도 열린다

상대방의 행동을 좌우하는 것은 허들의 높이

어느 날 친구가 몸이 예전 같지 않다며 걱정을 털어놓는다고 해보자. 그런데 그런 친구에게 하루에 10킬로미터씩 달리라고 조언하면 과연 친구는 없던 의욕이 생기고 달리기를 실천할까?

인간에게는 무언가를 얻을 때 느끼는 기쁨보다 잃을 때 느끼는 고통을 더 크게 받아들이는 '손실 회피 성향'이 있다. 따라서 친구는 건강을 지키려면 당장 운동을 시작해야 한다는 사실을 알면서도 지금까지와 다른 행동으로 생활 리듬이 무너지는 것을 걱정할 수 있다. 또는 금방 질려서 헬스장 등록비를 날릴까 봐 불안해할 수도 있다. 자신에게 닥쳐올 손해를 이득보다 더 크게 받아들이는 것이다.

상대방의 마음속에 변화의 가능성을 만들어내고, 함께 한 걸음을 내디디고 싶다면 허들의 높이를 수시로 점검해야 한다. 허들이 너무 높으면 의욕을 불어넣기는커녕 행동 자체를 가로막는 강력한 브레이크가 되기 때문이다.

자동차 기업 토요타도 '누구나 쉽게 정리 정돈할 수 있도록 공구 재배치하기' 같은 조그만 행동을 쌓아 올리면서 지금은 세계적인 경영 철학으로 자리 잡은 토요타 생산방식을 꾸준히 발전시키고 있다. 에릭 리스가 제시한 린 스타트업 역시 가설을 조그만 단계로 나눠서 빠르게 검증하는 것을 장려한다. 작은 규모의 학습을 쌓아 올리면 시간과 비용을 아낄 수 있기 때문이다. 커다란 과제를 커다란 상태 그대로 다루는 대신 작게 나누는 것은 그만큼 효과적인 일이다.

'그 정도면 가능한' 허들을 제안하라

상대방이 내 말을 듣고 '이 정도라면 가능할것 같다'라고 생각하기 시작했다면 그것이 곧 '호감 가는 말투'다. 당신이 상대방의 등을 밀어주는 선택지를 제안할 수 있게 되었다는 증거이기 때문이다. 천 리 길도 한 걸음부터라고, 이때 한 걸음은 아주 작은 보폭이라도 상관없다. 상대방이 걱정스러운 얼굴로 "겨우 그걸로 괜찮을까요?"라고 되묻는 정도가 적당하다. "회의록을 좀 더 보기 좋게 쓸 수 없어?" 대신 "스마트폰으로 회의 전체를 녹음해볼까?"라고 말하고, "비용을 줄이자" 대신 "이 공정에 드는 비용을 리스트로 정리해보자"라고 말하는 것이다.

이처럼 당장이라도 내디딜 수 있는 한 걸음을 제시하면 상대방은 어리둥절한 표정을 지으면서도 행동에 나설 것이다. 물론 목표 지점까지는 한참 멀었으므로 다음 허들을 함께 설정해야 한다. 하지만 다짜고짜 높은 허들을 제시해서 상대방이 선뜻 행동에 나서지 못하는 것에 비하면 큰 진전이다.

상대방이 고를 수 있도록 몇 가지 선택지를 보여주는 것도 좋다. 선택의 여지가 있으면 이야깃거리가 생긴다. 계속 강조한 이야기지만 낮은 허들은 천 리 길을 시작하는 딱 한 걸음이다. 상대방이 무슨 생각을 하고, 어떤 허들을 부정적으로 느끼고, 어떤 허들은 긍정적으로 받아들이는지 대화를 통해 얻을 수 있는 정보는 다음 허들을 설정하는 데 소중한 힌트가 된다.

선택지는 상대방이 중요한 결정을 내려야 하는 상황에서

아주 유용하다. 무언가 한 가지를 정해야 하는데 선택지가 크고 두루뭉술하면 가뜩이나 큰 결정을 앞두고 부담감을 느끼는 상대방에게 더 큰 짐을 떠넘기는 셈이다. 다양한 선택지를 마련하면 상대방의 일을 늘린다고 생각하기 쉽지만 알고 보면 오히려 상대방이 받는 부담을 줄일 수 있다.

'오늘 중으로는 자료를 도저히 완성할 수 없는데, 내일 제출해도 될까요?' 대신 '전체 자료는 내일 오후 4시나 되어야 드릴 수 있지만 개요 3페이지라면 오늘 내로 완성할 수 있습니다. 둘 중 어느 쪽이 더 나으신가요?'로, '신제품 홍보를 위한 SNS 마케팅 프로젝트를 제안하려고 합니다' 대신 '최신 사례를 소개하는 것은 물론 이쪽 업계를 전문으로 하는 애널리스트를 연결해드릴 수도 있습니다'와 같이 미래를 예측하고 가볍게 첫걸음을 뗄 수 있는 낮은 허들을 설정해보자. 허들을 구체적으로 설정하기 힘든 상황이라면 몇 가지 질문을 마련해서 상대방의 판단 기준과 요구를 파악하는 방법도 있다.

대화는 캐치볼이며, 일은 잘 맡기는 것이 기술이다. 오가는 대화 속에서 정보를 끌어모아 가장 적절한 선택지를 끌어내도록 하자.

CHAPTER 2

손해 보지 않는 부탁의 기술

세상에 당연한 부탁은 없다

이제 일상에서 벌어지는 구체적인 상황들에 적절한 말투를 살펴보자. 이 파트에서 다룰 상황은 '부탁'이다. 직장에서도, 집에서도 우리는 하루에도 몇 번씩 남에게 무언가를 부탁한다. 이는 커뮤니케이션의 기본이므로 다양한 상황에 응용할 수 있다. 이때 주의할 것이 마음가짐이다. '일이니까 부탁하면 당연히 들어줘야지', '엄마/아빠/동생이니까 당연히 들어줘야지' 하고 마음 한구석에서 생각하고 있지는 않은가?

말을 고르는 것은 바로 나 자신이다. 평소 상대방을 위에서 아래로 내려다보고 있었다면 그런 마음가짐은 표정과 태도에서 드러나지 않더라도 단어 선정에서 배어나기 마련이다. 만약 상대방과 나 두 사람 모두 '당연히 해야 할 일'이라고 생각한다면 부탁이라는 번거로운 절차를 밟을 이유가 없다. 업무 목록을 공유하기만 하면 된다. 부탁이 필요할 때는 그 일이 상대방이 당연히 해야 하는 일이라는 생각은 버리자.

나는 무엇을 해줄 수 있는가?

 부탁한 대로 상대방이 움직이면 당신은 기분이 좋아질 것이다. 프로젝트에 참여하는 일손이 늘어나고, 자료가 완성되고, 여유가 생기는 등 당신에게 유용한 결과가 돌아오기 때문이다. 하지만 이는 '기브 앤드 테이크' 관점에서 보면 당신만 일방적으로 받는 상황이다. 이처럼 한쪽으로 기울어진 상태에서는 단순히 부탁만 하면 상대방에게 의욕이 생기지 않는다. 처음 몇 번은 해야 하는 일이니까 받아들이지만 결국 오래가지 못한다.

 부탁하는 상황이야말로 '상호성의 법칙'을 염두에 둬야 한다. 부탁하기에 앞서 나는 상대방에게 무엇을 해줄 수 있는지 고민해보는 것이다. 이처럼 소소한 노력만으로도 상대방의 의욕을 북돋울 수 있다. 어떤 일을 부탁하며 나 또한 다른 일을 한다고 말하는 것은 '나도 일하고 있으니까 너도 일해야지' 하는 무언의 압박에 지나지 않는다.

 당신은 피드백, 조언, 목표를 조화롭게 섞어 말해야 한다. 상대방의 능력에 대해 긍정적인 피드백을 주면 자기계발의 동기가 생긴다. 단기적이고 구체적인 목표를 제시하면 정확한 킥오프로 이어진다. 내용이 모호해질 수 있는 부탁이라면 숫자를 통해 명확한 기준을 보여주는 것도 좋다. 상대방이 자신이 처한 상황을 상상하는 데 유용하기 때문이다.

만일 상대방이 내 부탁을 들어준다면 나는 무엇을 해주면 좋을까? 부탁을 앞둔 시점에는 머릿속이 온통 그 일 자체로 들어찬다. 상호성의 법칙을 떠올리며 내가 해줄 수 있는 일을 미리 준비해두자.

기발한 말보다는 친숙한 말

부탁할 때 통통 튀는 센스나 어려운 단어는 필요하지 않다. 하루에도 몇 번씩 일어나는 일이니만큼 스스로 헷갈리지 않고 정확하게 구사할 수 있는 말을 고르는 것이 중요하다. 펜, 가방, 수첩처럼 매일 사용하는 도구를 고를 때도 내 손에 착 감기는 것이 끌리지 않는가? 입에 익지 않은 말을 사용하면 알게 모르게 스트레스가 쌓인다. 말도 일종의 도구이기에 친숙한 말투를 익혀놓는 게 좋다.

01
가벼운 일을 부탁할 때

이 일 좀 해주실래요?

당신의 힘을 빌리고 싶어요.

아무리 작고 가벼운 일이라도 부탁의 말을 잘해야 관계가 틀어지는 일이 없다. 그럼 어떻게 말해야 할까? 사람이 행동하기 바로 직전의 순간을 상상해보자. 사람의 마음에는 다양한 허들이 놓여 있다. 무엇을 해야 할지 모른다는 불안감, 물리적인 시간 부족, 실패에 대한 공포심 등이다. 이 모든 것을 뛰어넘으려면 '나는 할 수 있다'라고 생각할 수 있는 '자기효능감'을 높여주어야 한다.

"당신의 힘을 빌리고 싶어요"라는 말에는 상대방에 대한 강한 믿음이 담겨 있다. 기술, 경험, 시야 등 그 사람만이 가진 귀중한 무기를 향해 경의를 표하는 말이다. 이처럼 긍정적인 감정은 말을 통해 상대방에게 전해진다. 여기에 더해 부탁하는 이유를 명확히 표현하는 것도 좋다. 구체적으로 설명하면 상대방도 자연스럽게 자신이 적임자라고 생각할 것이다.

다만 마음에도 없는 말을 해서는 안 된다. 내심 '딱히 이 사람이 아니어도 되는데'라고 생각하고 있다면 다른 적임자를 찾거나 직접 해결하자. 마음에도 없는 말을 늘어놓는 것은 이득 보는 말도, 손해 보는 말도 아닌 거짓말일 뿐이니 말이다.

02

시급한 일을
부탁할 때

급한 일이에요!

오늘 회의에
필요한 자료인데
오후 3시까지
가능할까요?

급한 일을 부탁할 때는 구체적인 이유와 목표를 밝히자. 그래야 상대방의 불안과 의문이 해소된다. 사람은 언어로 표현하지 않은 부분, 즉 말의 행간을 무심코 살피는 경향이 있다. 만약 편하게 돈을 벌 수 있는 일이 있다는 말을 들으면 당신은 그 말을 곧이곧대로 믿겠는가. 말의 행간에 숨은 진실과 의도를 자기도 모르는 사이 추측하려 할 것이다. 이처럼 언어로 표현하지 않으면 여러 가지 상상을 할 여지가 생긴다.

한편 모호한 표현도 상대방이 이상한 상상을 하도록 만든다. 모호한 표현에는 '얼른' 같은 시간 관련 표현, '깔끔하게 작성해줘'나 '보기 좋게 정리해줘' 같은 완성도 관련 표현이 대표적이다. '할 수 있는 데까지 해줘'나 '좀 더 넓은 소비자층을 조사해줘' 같은 범위 관련 표현도 주의가 필요하다. 당신의 잣대와 상대방의 잣대는 다르다. 기준만 명확히 세워도 상대방이 바로 일을 시작하게 만들 수 있다.

여기에 그 배경까지 설명하면 금상첨화다. 왜 서두르는지 명확하게 밝혀주면 상대방은 당신이 처한 상황을 상상할 수 있다. 그리고 사내 미팅에 필요한 자료인지, 아니면 경쟁 프레젠테이션에 필요한 자료인지 정확한 용도를 알고 나면 부탁받은 일을 어떻게 해야 할지 기준이 생긴다.

03
마감 시한을 연기할 때

리포트 마감일을 미뤄주세요.

시간을 더 주시면 퀄리티를 이만큼 끌어올릴 수 있습니다.

앞서 말했듯 밝은 미래를 보여주는 것은 상대방에게 부정적으로 느껴질 수 있는 부탁을 할 때 효과적인 방법이다. 마감일을 미뤄달라는 부탁은 어떻게 보면 당신에게만 좋은 일이다. 상대방으로서는 부담스럽다 못해 자기중심적인 부탁처럼 느껴질 수 있다.

따라서 여기서 중요한 점은 부탁하는 사람의 입장을 부각하는 게 아니다. 받아들이는 사람의 입장이 핵심이다. 마감일을 미뤄달라는 부탁을 들어주면 상대방에게 어떤 이익이 생기는지, 어떤 미래를 피할 수 있는지 등을 구체적으로 보여주어야 자기중심적이었던 부탁이 양쪽 모두에게 이득이 되는 부탁으로 바뀐다.

예를 들어 "시간을 더 주시면 퀄리티를 이 정도 수준까지 끌어올릴 수 있습니다"라고 말하면 상대방에게 좋은 일이 된다. 결과적으로 더 나은 보고서를 받을 수 있다는 사실이 보장되기 때문이다.

관점에 대해 조금만 더 고민하면 상대방에게 이득이 되는 표현을 얼마든지 생각해낼 수 있다. 업무 현장에서는 속도 못지않게 완성도와 품질도 중요하다. 상대방이 원하는 결과물은 시간을 조금만 더 내주면 나온다는 사실을 보여주자.

04
회의에서 의견을 물을 때

의견이 있으면 말씀해주세요.

우선 좋았던 점부터 하나씩 이야기해볼까요?

참석자가 하나둘 모이고 회의가 시작되는 자리를 상상해보자. 화두에 오른 논의가 오간 뒤, 함께 결정을 내려야 하는 순간이다. 그럴 때 누군가 "의견이 있으면 말씀해주세요"라고 말하면 물이라도 끼얹은 듯 조용해진다. 어째서일까?

의견을 말해야 한다는 것은 알지만 어떤 의견이 그 자리에 딱 맞는지 눈치를 보기 때문이다. 의견에는 긍정적인 것도 있지만 부정적인 것도 있다. 무엇이 필요한지는 받아들이는 사람에게 달린 문제이므로 구체적으로 어떤 의견을 말해야 할지 고민이 많아진다.

이럴 때는 지금 '무엇을', '어떻게' 하고 싶은지 명확히 제시하면 발언의 허들을 낮출 수 있다. 예를 들어 "우선 좋았던 점부터 말해볼까요?"라고 말하면 상대가 내놓을 의견의 구체적인 방향을 제시할 수 있다. 먼저 건설적인 피드백으로 논의의 포문을 열면 긍정적인 면에 집중할 수 있게 되어 분위기도 한결 부드러워질 것이다.

그런 다음에 "하나씩 이야기해봅시다" 또는 "정리해봅시다" 같은 말로 지금부터 어떤 국면이 펼쳐질지를 분명히 한다. 브레인스토밍처럼 가벼운 마음으로 이것저것 던지면 되는지, 정말 중요한 의견만 필요한지, 다수결로 결정을 내리고 싶은지, 지금 이 자리에 필요한 규칙을 선언하는 것이다.

05
일 처리 방법을
물어올 때

알아서 유연하게
처리해주세요.

이렇게 처리해주시면
이만큼 도움이
될 것 같습니다.

"유연하게 처리해달라"는 말은 상대방에게 어떻게 받아들여질까? 잘 모르겠는가? 그러면 말만 다르게 표현한 문장을 보자. "알아서 잘 부탁합니다."

당신이 만약 이런 말을 듣는다면 당황스러울 것이다. '유연', '알아서' 같은 단어는 그 의미가 모호하기 때문이다. 구체성이 부족해서 어떻게, 얼마나 대응해야 하는지 헷갈린다. 이런 부탁은 상대방에게 생각해야 한다는 부담을 주고 책임을 떠넘기는 것처럼 보일 수 있다. 이 같은 상황에서 상대방의 기준이 내가 생각하는 것과 일치할 거라 기대하면 안 된다.

따라서 "이렇게 처리해주세요"라고 구체적인 지시 사항을 전달해야 한다. 그래야 상대방도 그 대응이 얼마나 효과적인지 이해할 수 있다. 정량적인 이익과 유용한 지점을 같이 알려주면 상대방이 힘을 보태는 데 도움이 될 것이다.

다만 그것만으로는 여전히 일방적인 명령에 불과하다. 어떤 결과가 기다리고 있는지 보여주면 지시의 의미가 한층 더 뚜렷해진다. 프로젝트 진행 도중 어떤 공정을 변경해달라고 부탁하는 상황을 예로 들어보자. "이 부분을 변경해주시면 납품이 앞당겨지므로 클라이언트에게 더 빨리 보고할 수 있습니다" 같은 식으로 말하면 상대방도 변경 사항이 프로젝트 전체에 미치는 긍정적인 영향을 금방 이해할 수 있다.

06 자료 검토를 요청할 때

첨부 자료를 확인해주세요.

세 가지 포인트를 중점적으로 살펴보시면 됩니다.

대화든 메일이든 "이건 무슨 뜻이에요?", "그게 말이죠"와 같은 왕복이 하루에도 몇 번씩 발생한다. 대화라는 랠리에서는 공이 오가는 것을 한 번이라도 줄이는 게 좋다. 이런 왕복이 대수롭지 않아 보여도 쌓이면 적지 않은 시간이 되기 때문이다.

"첨부 자료를 확인해주세요"는 언뜻 예의 바른 표현처럼 보인다. 상대방이 자료 전체를 모두 확인해주기를 바란다면 이렇게 말해도 상관없다. 하지만 그중에서도 특히 중요한 쟁점이 있을 수 있다. 부탁을 받고 자료를 처음부터 끝까지 샅샅이 확인했더니 사실 이전에 본 적 있는 자료였고 갱신된 몇 페이지만 훑어봐도 되는 일이었다면 맥이 빠질 것이다. 막연한 부탁은 상대방의 시간을 뺏는다. 확인해야 하는 지점을 명확히 제시해야 상대방의 시간을 뺏지 않고 오히려 만들어줄 수도 있다.

"아래 세 가지 포인트를 중점적으로 살펴보시면 됩니다", "추가 자료는 13~20쪽입니다"라고 구체적인 범위를 덧붙이면 상대방이 손쉽게 이해하고 빠르게 대응할 수 있다. 또 해당 범위만 편집해서 메일 본문에 덧붙이거나 핵심적인 부분을 캡처한 이미지를 첨부하는 등 상대방이 확인하기 쉽도록 손품을 파는 것도 좋다.

07

잠시 대화를
요청할 때

잠깐 시간 있어요?

5분만 시간을
내주실 수 있을까요?

'엘리베이터 피치(elevator pitch)'라는 말이 있다. 2000년 무렵부터 실리콘밸리의 사업가들 사이에서 유행했던 말로, 엘리베이터를 타고 올라가거나 내려가는 불과 몇십 초 동안 투자자에게 제품이나 서비스를 소개하는 것이다. 다른 사람의 시간을 얻는다는 게 얼마나 치열하고도 어려운 일인지 알게 해주는 말이다. 하지만 한편으로는 아주 적은 시간도 생각하기에 따라 매우 알차게 사용할 수 있음을 알려준다.

당신에게 필요한 시간은 몇십 초인가, 아니면 몇 분인가? 이를 말하지 않고 그저 잠깐 시간을 내달라고만 말하면 과연 한 번에 승낙을 받을 수 있을까? 이때 "5분만 시간을 내주실 수 있을까요?"라고 구체적인 시간을 제시하면 상대방은 그 시간 안에만 대응하면 된다는 생각에 안심할 수 있다. 그러니 정직하게 15분이 필요하면 15분이 필요하다고 말하자. "그럼 나중에 시간을 내서 제대로 이야기하죠"라며 오히려 적극적으로 나올지도 모른다. 시간을 분명히 제시하는 것은 상대방에 대한 배려를 보여주는 것이다.

만일 회의 전에 상사와 잠깐 논의하고 싶은 사항이 있다면 "회의가 시작되기 전까지 5분만 시간을 내주실 수 있을까요?"라고 하자. 목표가 확실하므로 상대방도 그 시간만 내면 된다. 아주 작은 한마디로 심리적인 허들을 쉽게 낮출 수 있다.

08
능력자에게 일을 부탁할 때

잘 좀 해주세요.

전문가에게 맡길 수 있어 기쁩니다.

흔히 우리는 상대방의 의욕을 북돋우기 위해 그 일을 해줄 사람은 상대밖에 없다든지, 더 잘해달라고 하는 등 허들의 높이를 강조하거나 농담조로 도발하곤 한다. 하지만 이런 표현 방식은 대개 역효과를 불러온다. 특히 일로 만난 사이에서는 적절하지 않은 표현 방식이다.

"잘 좀 해주세요"라는 표현은 상대방에 대한 요구만 담겨 있어 부담을 줄 뿐이다. 반면 "전문가에게 맡길 수 있어 기쁩니다" 같은 표현은 상대방의 능력과 전문성을 인정하고 그 가치를 존중한다는 사실을 명확히 보여준다. 연대감은 이처럼 공손한 표현에서 시작된다. 상대방보다 위에 서려고 하지 말고 상대방에 대한 솔직하고 긍정적인 피드백을 그때그때 전하자. 상대방을 존중하는 일에는 돈이 들지 않는다.

광고 업계에서 일하다 보면 감독, 촬영 기사, 사진작가, 프로듀서 등 다양한 전문가와 얽히기 마련이다. 내가 태어날 무렵 업계에 발을 들인 대선배와 협업할 때도 있었다. 내 경험에 따르면 좋은 현장일수록 서로 존중하며 일하고 각자의 전문성에서 비롯한 결과물을 열심히 칭찬한다. 물론 부족한 부분은 똑바로 지적한다. 클라이언트라든지, 직책이 높다든지, 나이가 많다든지 하는 것은 관계없다. 서로 존중하고 자신의 능력을 펼칠 수 있는 환경을 만드는 것이다.

CHAPTER 3

원하는 것을 이끌어내는 제안의 기술

제안이라는 이름의 강요를 조심하라

제안은 비즈니스의 시작이다. 새 프로젝트, 신규 고객 유치, 협력사와의 컬래버레이션 등 사내외 할 것 없이 모든 비즈니스 활동은 누군가의 제안에서 시작한다고 해도 과언이 아니다. 하지만 제안이 늘 통과되는 것은 아니다. 그 원인 중 하나가 바로 제안의 탈을 쓴 '강요'를 하기 때문이다.

우리 주변에서도 이런 제안들이 넘쳐나는 것을 볼 수 있다. '무조건 성공하는 비결'이라느니, '1년 내로 성장하는 분야'라느니, 'SNS에서 화제'라느니 온갖 최상급 표현으로 반드시 자기네 제안을 받아들여야 할 것처럼 말한다. 하지만 모두가 핏대를 세우며 자기 어필을 하는 상황에서는 아무리 미사여구를 곁들이며 제안해봐야 사람들은 오히려 고개를 저을 것이다.

가령 IT 기업이 클라이언트에게 새로운 소프트웨어 도입을 제안하는 상황이라고 해보자. 흔히 하는 실수 중 하나가 "이

소프트웨어는 귀사를 반드시 성공으로 이끌어줄 것입니다"라고 단언하는 것이다. 하지만 이런 제안은 오히려 클라이언트의 의심을 살 수 있다. 자신감이 강하면 강할수록 상대방은 '진짜일까?' 하며 제안을 의심한다. 그러면 상대방을 설득하기는커녕 제안의 검증 포인트만 늘어날 뿐이다.

제안을 받는 상대는 이미 지친 상태다

사회심리학자인 로이 F. 바우마이스터에 따르면 초콜릿 아이스크림을 먹을지, 바닐라 아이스크림을 먹을지 고르는 사소한 결정조차 우리의 정신력과 에너지를 소모한다고 한다. 이를 가리켜 '결정 피로'라고 한다.

결정을 내리는 데 필요한 사고력은 근육과 마찬가지로 쓰면 쓸수록 피로가 쌓이고 닳는다. 게다가 쉬지 않고 결정을 내리다 보면 견딜 수 있는 시간이 짧아진다는 점에서 더 무섭다. 그만큼 무언가를 고르고 결정하는 것은 뇌에 큰 부담을 주는 일이다.

스티브 잡스의 패션만 봐도 알 수 있다. 인터뷰에서 그는

"오늘은 무엇을 입을까 하는 선택에 머리를 쓰고 싶지 않았다"라고 말했다. 그러면서 실제로 매일 아침 옷을 고르는 결정마저 생략할 수 있도록 옷장을 검은 터틀넥 니트와 리바이스 501 청바지로 채웠다.

제안에 곁들이는 정보는 심혈을 기울여서 골라야 한다. 과장된 표현으로 제안을 화려하게 꾸미기보다는 상대방의 결정을 뒷받침할 수 있는 표현을 사용하자. 다양한 요소를 마구 집어넣기보다는 이해하기 쉽고 공감하기 쉬운 제안을 목표로 하는 게 좋다.

작은 결정 없이는 큰 결단도 없다

상대가 큰 결단을 내리도록 제안을 이어가야 할 때는 마치 작은 돌다리를 건너갈 때처럼 제안하는 과정 중간중간에 조그만 결정들을 놓아두도록 하자. 제안을 듣고 있는 상대는 결단이라는 큰 부담을 안고 있다. 그러니 일이 순조롭게 진행되려면 일관성 있는 결정을 쌓아 올리면서 목적지에 가까워져야 한다.

심리학자 로버트 B. 치알디니는 저서 《설득의 심리학》에서 설득의 원칙 일곱 가지를 제시했다. 그중에서도 '일관성의 원칙'은 더 나은 제안을 하기 위해 우리가 알아두어야 할 중요한 내용이다. 대개 사람은 한번 결정한 것을 끝까지 밀고 나가려는 심리를 가졌다는 것이다.

당신이 지금 당면한 과제가 무엇이냐고 물었을 때 상대방이 사업 전략의 비용 대비 효과가 낮다고 답했다고 해보자. 이때 상대방에게 비용 대비 효과가 높은 플랜을 먼저 보여주어야 한다. 그러면 상대방의 눈에는 그 플랜뿐만 아니라 전체 제안이 더욱 매력적인 것으로 느껴진다.

갑자기 커다란 결단을 요구하는 것이 아니라 그 앞에 낮은 허들을 몇 개 놓도록 하자. 제안 전체에 대한 결단을 강요하기보다는 몇 가지 선택지 중 마음에 드는 것을 고르게 하거나, 시행 이후 걱정되는 부분을 지적하게 한다. 이는 상대방을 번거롭게 만드는 일처럼 보일지 몰라도 사실상 목표로 향하는 지름길이다.

제안은 강요도, 요구도 아님을 기억해야 한다. 상대방은 이미 많은 제안을 받았고, 이미 많은 결정에 지쳐 있다. 아무리 자신 있는 제안이라고 해도 상대방의 상황을 고려하지 않은 제안은 1순위가 될 수 없다. 똑같은 제안을 하더라도 상대방이 결정하기 쉽게 배려하려는 마음과 노력을 보이는 것이 중요하다.

01
제안의 가치에 대해 말할 때

이 기획은 무조건 성공합니다.

저희는 이런 미래를 그리고 있습니다.

강요는 반발을 부르기 마련이다. 힘껏 누른 공이 더 높이 튀어 오르는 것과 마찬가지다. "이 기획은 무조건 성공합니다"라는 표현에서 '무조건'이라는 단어는 실패할 가능성을 부정하고 자신의 주관적인 생각을 상대에게 강요한다. 그 밖에도 '100퍼센트', '베스트', '다른 기획은 더 볼 필요도 없다' 같은 표현이 있다. 이런 것들은 과장된 표현이다. 애당초 성공은 그 누구도 보장할 수 없다.

리더라면 과장된 표현으로 구성원의 사기를 북돋아야 할 때도 있지만, 지금 당신이 하는 것은 제안이다. 당신의 역할은 상대방이 중요한 결정에 집중할 수 있도록 옆에서 도와주는 것이다. 이때 "우리는 이런 미래를 그리고 있습니다"라고 미래상을 제시하면 상대방과 함께 나아갈 것이라는 믿음을 줄 수 있다.

구체적인 비전을 보여주면 제안을 하는 사람과 받는 사람이 같은 미래를 떠올리며 상상하게 된다. 고객과 클라이언트가 같은 길을 걷는 동료가 되는 것이다. 이를 위해 상대방이나 자신의 고민을 솔직하게 나누는 방법도 좋다. "지금 당장 해결해야 할 과제가 이것 맞죠?"라고 문제를 공유하는 것 역시 상대를 동료로 만들 수 있는 단단한 끈이다.

02

상대방의 문제를 알게 되었을 때

저희가 무엇이든 해결해드릴 수 있습니다.

○○에 관해서라면 맡겨주세요.

일에서는 '만능'이 꼭 좋은 것은 아니다. 제안은 일의 시작이다. 무엇이든 해결하겠다느니, 어떤 문제든 해결할 수 있다느니 하는 말은 오랜 시간 꾸준히 성과를 쌓아온 전문가가 할 수 있는 말이다. 특히 처음 본 클라이언트에게 제안하는 자리라면 아직 협업을 해본 적이 없는 상황이므로 과장된 어필은 오히려 신뢰도를 떨어뜨릴 수 있다. 한 분야나 업계에 특화된 내용으로 전문성을 강화하자.

다만 무엇이든 간에 특화하기만 하면 되는 것은 아니다. 상대방의 과제를 해결하는 데 필요한 기술과 내가 가진 무기가 일치하는 지점을 구체적으로 제시해야 한다. 예를 들면 "저희 회사는 데이터 분석이 강점이므로 귀사의 마케팅 전략 최적화에 이바지할 수 있습니다"라는 식으로 말하라.

만약 상대방의 과제를 하나로 좁힐 수 없다면 (기업인 경우에) 보도자료를 참고하는 방법도 있다. 해당 기업이 최근 어떤 분야에 어떻게 접근하고 있는지 단적으로 알 수 있기 때문이다.

03
상대방의 고민을 파악하고자 할 때

귀사의 과제는 무엇인가요?

이번 분기의 주력 사업은 어떤 성장 분야에 대한 투자인가요?

질문만큼 표현 방식에 따라 결과가 크게 달라지는 것도 없다. 《질문의 디자인》이라는 책에서는 질문은 사고와 감정을 자극하는 성질을 가진다고 한다. 제대로 질문할 수만 있으면 상대방의 생각을 한순간에 움직이고 감정을 확 바꿀 수 있다는 것이다.

《질문의 디자인》에는 이런 사례가 나온다. 한 동물원에서 어린이날 체험 행사를 기획할 때 있었던 일이다. 동물에 대한 관심도를 높일 수 있는 질문을 찾기 위해 여러 가지 선택지를 모아 제시했다. 그런데 실제로 행사에 참여한 학부모와 어린이의 관심도를 가장 극적으로 바꾼 질문은 '코끼리의 코딱지는 어디에 쌓일까?'였다.

상대의 오해를 사고, 손해 보는 표현 방식은 하나부터 열까지 모두 상대가 스스로 생각하고 유추해야 하는 수동적인 느낌이 강하게 묻어난다. 정말로 좋은 질문은 한두 가지 가설을 던져 상대방의 사고를 자극하는 것이다. 그러니 그저 상대방에게 물어서 알아내려 하지 말고 "최근 물가가 오르면서 비용 절감이 더욱 중요해졌는데, 특히 어떤 공정의 비용이 신경 쓰이나요?" 같은 질문을 던져보자. 맞든 틀리든 상대방의 대답을 통해 문제와 니즈를 적확하게 파악할 수 있을 것이다.

04
상대방이 결정을 주저할 때

지금 당장 결정해야 합니다.

늦게 결정하면 비용이 이만큼 증가합니다.

어두운 미래를 제시하는 것은 왠지 새로운 안건을 제안하는 자리와 맞지 않는 것처럼 보인다. 하지만 상대가 안건을 제대로 판단하려면 이점과 단점 모두 살펴봐야 한다. 아무래도 제안하는 자리에서는 좋은 면만 내세우기 쉽다. 그러나 상대방에게 정확한 정보를 제공하는 의미에서도 어두운 미래, 즉 손해를 함께 보여주면 제안의 효과를 한층 강조할 수 있다.

인간에게는 이득을 얻기보다 손해를 피하려는 '손실 회피 성향'이 있다. 노벨 경제학상을 받은 심리학자 대니얼 카너먼과 아모스 트버스키는 금액이 같을 경우 사람들은 이득을 볼 때의 기쁨보다 손해를 볼 때의 슬픔을 두 배 더 크게 느낀다고 밝혔다. 손실에 대한 공포는 그만큼 크다.

따라서 결정을 미루면 손해를 볼 수도 있다는 점을 강조하면 결정이 더 빨라질 수 있다. "이번 달 내로 도입하면 연간 비용이 20퍼센트 줄어들지만, 도입을 미루면 다음 달부터 시작되는 성수기를 놓칠 수 있습니다."

사람들은 미래가 그림 그려질 때 서둘러 행동하게 된다. 마치 스위치를 껐다 켜듯 긍정적인 시각과 부정적인 시각을 자유롭게 오가며 전달할 수 있도록 연습해보자.

05
제안 검토를 요청할 때

검토해주시기 바랍니다.

궁금한 점을 질문해주시면 곧바로 답변드리겠습니다.

카피라이팅의 세계에는 카피라이터가 지녀야 할 마음가짐을 알려주는 격언이 여럿 있다. 그중 하나가 '묘사하지 말고 해결하라'다. 묘사란 어떤 대상이나 현상을 언어로 표현하는 일이다. 예를 들어 탄산음료를 '톡 터지는 청량함'처럼 나타내는 일인데, 아무리 훌륭한 표현을 쓰더라도 사실을 다시 말하는 것에 불과하다. 즉 고객이 왜 탄산음료를 사서 마셔야 하는지 그 이유는 나와 있지 않다. 마찬가지로 있는 그대로의 사실은 두세 번 덧붙여도 상대의 행동을 직접적으로 바꿀 수는 없다.

 제안과 검토는 떼려야 뗄 수 없는 관계다. 심지어 제안이 끝나기도 전에 듣는 사람은 검토를 시작하기도 한다. 따라서 "검토해주시기 바랍니다"라고 말해봐야 거기에 특별한 정보는 없다. 상대방에게 이득이 될 만한 부가 가치를 더해야 한다.

 "검토에 필요한 자료를 말씀하시면 금방 구해드리겠습니다"라고 적극적인 자세를 보이면 상대방은 마음을 연다. "비용이 걱정되시나요? 아니면 좀 더 자세한 견적이 필요하신가요?"라고 한발 앞서 나가 도움의 손길을 내밀어도 믿음직스러워 보인다. 이야기가 끝날 때쯤 담당자에게 슬쩍 다가가 "그러고 보니 제 연락처를 알려드렸던가요?" 하면서 언제든 전화하라고 말하는 방법도 있다. 이런 표현들은 검토하는 사람의 심리적인 허들을 낮추는 필살기 같은 문장이다.

06 해결 방안을 제시할 때

○○이라는 방법이 좋을 것 같습니다.

성공 사례를 분석한 결과 ○○이 핵심이었습니다.

설득력을 높이기 위해서는 당신의 생각에만 의지하면 안 된다. 깊이 생각하는 것 못지않게 철저하게 조사하는 것이 중요하다. 전 야후 사장인 오자와 다카오는 자신의 SNS에 다음과 같은 글을 올린 적이 있다. '우선 조사하고 싶은 영역에서 상위 10개 사례를 선정한다. 그중 상위 세 개 사례를 참고해 성공을 위한 가설을 세운 다음, 나머지 일곱 개 사례로 그 가설을 검증한다.'

머릿속에서 세운 가설을 객관적인 사실로 보강하는 것이다. 이는 비단 커뮤니케이션에만 해당하는 이야기가 아니다. 제안을 다듬을 때도 중요한 실마리가 될 수 있다. 보이지 않던 패턴을 발견하는 계기가 되기도 하고, 경쟁사와 자사를 비교해볼 수도 있다.

"이 솔루션을 적용한 클라이언트를 조사한 결과 매출이 평균 30퍼센트 증가한 것으로 나타났습니다"라고 구체적인 숫자만 제시해도 전혀 다르게 보인다. 그런 사례 속에서 열쇠가 될 만한 지점을 발견할 수 있으면 더할 나위 없다.

조사 대상은 성공 사례로 국한하지 않아도 된다. 실패 사례를 반면교사로 삼을 수도 있고, 경쟁사의 사례를 중심으로 살펴봄으로써 자사의 차별화 지점을 발견할 수도 있다.

07
상대방의 의견을 부정할 때

그렇게 하면 안 됩니다.

조사해봤는데, 최악의 경우 이런 일이 벌어집니다.

상대방의 의견이나 결정에 대해 반대 의견을 말하는 것은 논의 과정에서 충분히 나올 수 있는 건강한 대화다. 하지만 머리로는 알아도 내가 직접 말하기는 힘들다. 게다가 부정하는 말로 대화를 시작하면 상대방에게 거부감을 주는 것은 물론 의견을 나눠야 하는 자리가 말다툼이 오가는 전쟁터가 될 수도 있다. 그렇게 찬성파와 반대파가 맞서는 듯한 논쟁으로 흘러가면 같은 방향을 향해 함께 나아가야 할 상대방과 내가 대립 관계를 이루게 된다.

따라서 이때는 상대방이 건설적으로 검토할 수 있도록 충분한 자료를 제공하는 것이 관건이다. 어부가 요리사에게 필요한 생선을 가져다주듯이 판단하는 데 도움이 될 만한 근거를 제시해야 한다. 말하기 껄끄러울 때는 "최악의 경우"나 "상상하고 싶지 않은 일이지만"과 같은 말로 쿠션을 까는 방법도 있다.

구체적인 위험 요소는 건설적인 판단의 근거가 될 수 있다. 그런 근거가 늘어날수록 상대방의 생각이 바뀐다. 상대방이 제안에 회의적이라면 이렇게 어두운 미래를 보여주는 것도 방법이다. 만일 상대방이 긍정적이지만 선뜻 결정하지 못하고 있다면 밝은 미래 가운데 몇 가지 선택지를 제시한다. 판단에 도움이 될 만한 재료를 골라 상대방에게 건네보자.

08
비용 절감을
강조할 때

비용을 대폭
줄일 수 있습니다.

인건비를 10%
줄일 수 있습니다.

2001년 음악의 역사를 바꾸는 제품이 등장했다. 바로 아이팟(iPod)이다. 디자인과 기능도 혁신적이었지만 '주머니 속에 1,000곡(1,000 songs in your pocket)'이라는 카피는 지금까지 없었던 라이프스타일을 마치 손에 잡힐 듯이 생생하게 보여주었다.

숫자에는 보이지 않는 힘이 있다. "숫자는 거짓말하지 않지만, 거짓말쟁이는 숫자를 사용한다"라는 말에서도 알 수 있듯이 숫자만이 지니는 설득력이 있다. 그리고 숫자는 구체적인 대상과 함께 표현되면 듣는 사람의 상상력을 더욱 자극한다. 예를 들어 '4만 6,755평방미터'라고 하면 별로 와닿지 않지만, '도쿄 돔 한 개 크기'라고 하면 머릿속에 대강의 이미지가 그려진다.

비용을 절감할 수 있음을 강조할 때도 "비용을 대폭 줄일 수 있습니다" 같은 표현은 너무 모호하다. 이를 "매달 70만 엔을 절약할 수 있습니다"와 같이 구체적인 숫자로 바꿔보자. 여기에 "사분기 만에 샘플링 기법을 한 번 실행할 수 있는 비용이 남습니다", "10MM(Man-Month, 프로젝트에 투입되는 인원에 대한 개념으로 1MM은 한 사람이 한 달 동안 일하는 작업량을 말한다)에 해당하는 인건비를 줄일 수 있습니다"라고 덧붙이면 제안하는 사람과 듣는 사람의 상상이 일치하면서 논의가 매끄럽게 진행될 것이다.

CHAPTER 4
성공을 이끄는 설득의 기술

액셀과 브레이크의 균형을 맞춰라

많은 사람이 설득 또는 협상을 어려워한다. 내가 원하는 것을 가감 없이 말하거나, 상대방이 하는 말을 경청하는 두 가지 행동 사이에서 균형을 잡기가 힘들기 때문이다. 관계는 협상 테이블을 벗어난 뒤에도 계속 이어지므로 상대방이 하는 말을 가만히 듣거나 맞춰주기만 하면 대등하고 건전한 관계를 맺을 수 없다.

그렇다고 해서 하고 싶은 말을 전부 쏟아내면 상대방의 마음에 거대한 장벽이 생겨 일을 시작조차 할 수 없다. 내 주장을 펼치는 액셀과 상대의 의견을 듣는 브레이크를 적절하게 구분해서 사용하는, 이른바 임기응변이 필요하다.

이 파트에서는 상대방의 상황을 고려하면서 자신의 의도를 효과적으로 전달하고 나아가 상대방의 감정을 움직이는 말투에 대해 알아본다. 또한 설득하거나 협상하려는 대상과 장기적인 관계를 형성하는 법을 설명할 것이다.

상대방의 말에 숨은 관심사를 먼저 이해하라

'드릴과 구멍' 이야기를 들어본 적 있는가? 가게에 드릴을 사러 온 손님은 드릴이 아니라 사실 구멍이 필요하다는 일화로, 고객 마음에 숨어 있는 관심사를 파악하는 일의 중요성을 강조한다. 이는 '마케팅계의 드러커'로 알려진 시어도어 레빗의 저서 《마케팅 상상력》에서 나온 것이다. 원서 초판본이 1960년에 출간되었지만, 세기가 바뀐 지금도 회자되는 유명한 고전이다.

그와 비슷하게 '우산을 갖고 싶은 게 아니라 비에 젖고 싶지 않은 것', '샐러드 치킨을 먹고 싶은 게 아니라 포만감이 오래가는 양질의 단백질원이 필요한 것' 등이 있다. 이 모두가 상대방이 진정으로 원하는 것은 실제 행동으로 드러나지 않는 깊숙한 곳에 있다는 뜻을 나타낸다.

가격 인하를 요구하는 상대방을 설득해야 하는 상황을 가정해보자. 상대방이 원하는 것은 정말 가격 할인일까? 어쩌면 지금은 효과 검증 단계라 좀 더 작은 규모를 위한 계획이 필요한 것일지도 모른다. 또는 순조롭게 진행되고 있는 다른 사업에 더 많은 예산을 투입하고 싶을 수도 있다. 사업 결산을 앞두고 부서마다 근본적인 비용 재검토에 들어간 탓에 예산과 실적의 균형을 잡고 싶은 것일지도 모른다.

즉 가격 인하라는 '요구'가 아니라 상대방의 '관심사'를 이해해야 한다. 요구에 가려진 진짜 관심사에 초점을 맞추면 '가격을 낮춰달라고 요구하는 사람' 대 '낮추고 싶지 않은 사람'이라는 대립 관계에서 벗어나 '함께 최선책을 찾는 동료'가 되어 적절한 대안을 제시할 수 있다.

'다르게 말하기'로 상대방의 선택을 바꿔라

설득과 협상이 필요한 상황에서는 변화를 반영한 결과치를 제시하는 경우가 많다. 제시한 선택지만으로는 부족하거나 현 상태에서는 결정을 내릴 수 없는 상황이 많기 때문이다. 그렇다고 해서 끊임없이 새로운 선택지를 제시하는 것은 비현실적이다. 따라서 설득을 할 때 중요한 점은 지금 눈앞에 놓인 선택지를 최대한 활용하는 것이다.

이를 위한 첫 번째 기술이 '다르게 말하기'다. 잘 알려진 사례로 컵에 물이 절반 들어 있는 상황을 다르게 표현하는 게 있다. "물이 반이나 남았네"와 "물이 반밖에 안 남았네"는 같은 현상을 표현한 것이라도 다른 인상을 준다.

이와 비슷한 한 가지 실험을 살펴보자. 연구진이 실험에 참여한 사람들에게 어떤 전염병이 유행하면 미국에서 600명이 죽는다고 알려준다. 그리고 전염병에 대응하는 두 가지 대책이 있는데 각 대책을 시행하면 다음과 같은 결과가 예상된다고 말해준다.

① 대책 A: 200명이 낫는다.
② 대책 B: 3분의 1 확률로 600명이 낫고, 3분의 2 확률로 아무도 낫지 않는다.

이때 70퍼센트 이상이 대책 A를 골랐다. 연구진은 다시 다음과 같은 두 가지 대책을 제시했다.

③ 대책 C: 400명이 사망한다.
④ 대책 D: 3분의 1 확률로 아무도 죽지 않고, 3분의 2 확률로 600명이 죽는다.

눈치챘겠지만 대책 C와 D는 대책 A, B와 똑같은 의미다. 얻는 것과 잃는 것을 다른 말로 표현했을 뿐이다. 그러나 단어를 바꾼 것만으로 이번에는 D(원래 선택지로 따지면 B)를 고른 사람이 70퍼센트를 넘었다. 이를 '프레이밍 효과(framing effect)'라고 한다. 긍정적인 내용이 적혀 있으면 기존 위험 요소를 피하는 방향으로 결정하는 반면, 사망과 같이 부정적인 내용이 적혀 있으면 위험 요소를 받아들인 다음 손실을 피하는 가능성을 중시한다는 내용이다.

설득과 협상에서도 기존 선택지를 어떻게 전하느냐에 따라 완전히 다른 인상을 줄 수 있다. 구체적인 예를 살펴보자.

① 장점으로 바꿔 말하기
- 10퍼센트가 부정적으로 평가했습니다. → 90퍼센트가 긍정적으로 평가했습니다.
- 클레임이 줄어듭니다. → 고객 만족도가 높아집니다.
- 비용을 100만 엔(약 960만 원) 줄일 수 있습니다. → 수익이 100만 엔 증가합니다.
- 무의미한 공정이 줄어듭니다. → 효율이 높아집니다.
- 불량률이 낮아집니다. → 수율이 높아집니다.

② 단점 강조하기
- 서두르면 마감 시간에 맞출 수 있습니다. → 이대로는 늦습니다.
- 정기 점검을 하면 설비의 수명이 늘어납니다. → 정기 점검을 게을리하면 설비가 노후화됩니다.
- 70퍼센트가 제품에 만족합니다. → 세 명 중 한 명은 제품에 불만족합니다.
- 보안을 강화해야 합니다. → 미리 대처하지 않으면 서버가 공격당할 수 있습니다.
- 날씬한 체형을 유지합시다. → 비만은 만병의 근원입니다.

③ 장단점을 다르게 말하기
- 매달 250엔(약 2,300원) 절약 → 연간 3,000엔(약 2만 8,000원) 절약
- 비타민C 2그램 함유 → 레몬 100개와 맞먹는 비타민C
- 월 이용료 450엔(약 4,300원) → 하루 15엔(약 1,400원)으로 이용 가능
- 이직률 15퍼센트 → 매년 130명이 퇴직
- 전 품목의 10퍼센트 할인 → 500개 품목 할인

상대방의 행동을 끌어내는 질문이란

로버트 치알디니의 《설득의 심리학》은 1984년 처음 출간된 이후 2008년 다섯 번째 개정판이 나올 정도로 꾸준히 사랑받고 있다. 이 책에 나오는 여러 가지 접근법 중에서도 특히 흥미로운 것은 질문을 활용하는 방법이다. 상대방에게 질문을 던져 자발적인 행동을 끌어내는 것이다. 예를 들면 '투표하러 갈 생각입니까?' 대신 '당신이 투표하러 가는 이유는 무엇입니까?'라고 질문했을 때 투표율이 큰 폭으로 오른다고 한다. 질문으로 상대방의 생각을 끌어내면 행동도 대답을 따라 끌려 나온다.

제품을 영업하는 상황에서도 "이 제품을 구매해주세요" 같은 직접적인 설득 대신 "이 제품은 귀사의 어떤 고민거리를 해결할 수 있을까요?"와 같은 질문을 던지면 상대방은 제품에 대해 깊이 생각하고 자신의 언어로 해결책을 찾아내려고 한다. 그 결과 의욕이 자발적으로 생기고, 이는 행동으로 이어진다.

질문에는 상대방의 사고를 촉진하고 그 대답에 기반한 행동을 끌어내는 힘이 있다. 무작정 강요하는 것이 아니라 상대방이 스스로 수긍해서 행동하는 이상적인 결과를 얻기 위해 질문의 힘을 활용해보자.

01
부정적인 내용을 전해야 할 때

그렇게 하기는 힘듭니다.

최악의 경우 이런 위험이 있습니다.

비용을 낮출 수 없는 것과 같은 부정적인 내용을 말할 때는 그 이유와 배경을 먼저 알려야 한다. 그러지 않고 "비용 절감은 어렵습니다"라고만 말하면 문제와 위험성이 제대로 전해지지 않는다. "이런 위험이 우려되므로 비용을 낮추는 것은 추천하지 않습니다"라고 말해야 비로소 상대방은 당신의 진짜 의도를 이해하고 같은 방향을 향해 나아갈 수 있다.

제조업을 예로 들어보자. 그저 비용을 낮출 수 없다고만 말하면 상대방도 어렴풋이 알고 있는 사실을 되풀이하는 것에 불과하다. 당연히 상대방의 생각은 바꿀 수 없다. 이럴 땐 어두운 미래를 공유하는 방법을 써보자. "비용 절감을 위해 생산 라인을 줄이면 갑자기 수주가 늘어났을 때 대응하지 못할 우려가 있습니다"라고 구체적인 위험을 보여주면 상대방도 문제가 얼마나 심각한지 이해할 수 있다. 판단에 필요한 근거를 이쪽에서 제시해주는 것이다.

상대방과 신뢰 관계를 쌓고 싶다면 대책을 제시하는 방법도 효과적이다. 단순히 힘들다고만 말하지 말고 "이 부분이 힘든데 함께 해결책을 생각해봅시다"라며 긍정적인 태도를 보이면 상대방에게 믿음을 주고 보다 건설적인 관계를 쌓을 수 있다. 다른 사람을 움직이려면 내가 먼저 손을 내밀어야 한다는 사실을 잊지 말자.

02
업무 미팅 자리를 제안할 때

우선 인사만이라도 드리겠습니다.

공개되지 않았던 최신 기술을 소개하려고 합니다.

원격 근무가 널리 퍼지면서 이제는 언제 어디서든 회의에 참여할 수 있게 되었다. 하지만 예전이나 지금이나 시간이 소중한 것은 똑같다. 오히려 집안일이나 육아를 오가며 일할 수 있게 된 만큼 시간을 어떻게 쓸지에 대한 고민은 더 커졌다.

그렇기에 비즈니스 제안이나 논의를 위해 시간을 내달라고 부탁할 때 가벼운 자리라고 말하는 건 바람직하지 않다. 한 시가 아까운데 인사만 나누는 자리를 반길 사람은 없기 때문이다. 마지못해 시간을 내주더라도, 상대방은 수동적인 자세로 당신의 이야기를 듣기만 할 것이다.

당신이 정말로 원하는 것은 어떤 자리인가? 그 자리에서 당신은 무엇을 프레젠테이션할 생각인가? "최신 기술을 소개해드리려고 합니다"와 같이 구체적인 의도와 내용을 제시하면 비로소 상대방은 '그 자리가 정말 필요한가?'라고 생각하면서 판단을 내릴 수 있다. 내가 먼저 가치 있는 정보를 제공하려는 자세를 보여주면 상대방의 마음도 서서히 열린다. 그렇게 시간을 내준 상대는 관심이 담긴 긍정적인 자세로 대화에 참여할 것이다. 다만 정보를 제공하겠다며 상대방을 끌어내고는 상대가 관심 없어하는 비즈니스 제안만 늘어놓아서는 안 된다. 입장을 바꿔 생각해보자. 당신이 그런 일을 겪었다면 좋은 시간을 보냈다고 할 수 있겠는가.

03 상대의 관심을 끌어야 할 때

제가 제품을 소개할 시간을 주세요.

지금 사용 중인 시스템에 불만은 없으신가요?

상대방의 주의와 관심을 끌어내는 것만으로도 그 대화는 양쪽 모두에게 유의미한 시간이 된다. 당신은 과녁 정중앙을 맞히는 제안을 내놓을 수 있고, 상대방은 자신에게 필요한 이야기를 들을 수 있다. 그뿐만 아니라 제안하는 사람과 듣는 사람이라는 관계에서 한 발짝 나아가 문제 해결을 목적으로 하는 대화로 접어들 수 있다.

　상대방이 프로젝트 관리 시스템 도입을 검토하고 있다면 "지금 사용 중인 시스템에 불만은 없으신가요?"라고 물어보라. 그러면 상대방은 문제점을 공유하고 싶어진다. "커뮤니케이션이 파편화되어 있다", "프로젝트의 진척도를 확인하기 힘들다"와 같이 자세한 불만이 나올지도 모른다. 이때 "저희가 최근에 출시한 제품은 그런 문제를 해결할 수 있는 기능을 갖추고 있습니다"라고 제안하면 상대방은 그 제안을 더욱 명확하게 이해할 수 있다. 질문에 대한 상대방의 반응에 따라 시간 배분을 조절할 수 있으므로 듣는 사람의 만족도도 높아진다.

　설득한답시고 다짜고짜 시간을 내달라고 매달리지 말고, 질문을 통해 상대방의 현재 관심사를 알아내자. 대화는 캐치볼이다. 상대방의 글러브가 어느 위치에 있는지 파악하지 않고서는 상대방이 받기 쉬운 공을 던질 수 없다. 질문은 설득과 협상을 위한 밑 작업임을 기억하자.

04
새로운 요구 사항을 제안할 때

새로운 서비스를 한번 이용해보세요.

지금 회사에 새로운 솔루션이 필요하다고 생각하나요?

세상에는 "아니요"라고 대답하기 힘든 질문이 있다. 예를 들어 "기부를 해야 하는가?"라는 질문이 그렇다. 여기에 단호하게 "아니요"라고 답하면 인성에 관한 오해를 살 수 있다. 비즈니스의 세계에도 이런 질문이 있다. "아니요"라고 답하면 업무 환경 개선이나 자기계발에 무관심한 사람으로 보일 수 있는데, 바로 "지금 회사에 새로운 솔루션이 필요하다고 생각합니까?"라는 질문이다. 아무리 변화에 신중한 사람이라 하더라도 이 질문에는 대부분 "네"라고 답할 것이다.

　　협상 과정에서 상대방이 제안의 가치를 알아주지 않는다고 느낀 적이 있는가? 그럴 때는 제안의 장점을 내세우기 전에 "아니요"라고 답하기 힘든 질문을 던져보자. 예를 들어 명함 정보 관리를 통해 방문 영업의 효율을 높이는 솔루션을 제안하는 경우라면 "귀사에서 영업 부문의 시간 효율성 향상은 중요한 과제입니까?"라고 묻는 것이다.

　　자신의 요구 사항만 그럴듯한 말로 전하는 대신 상대방의 관심을 끌어내보자. 이런 질문은 대화의 물꼬를 트는 소재로도 유용하다. 결과적으로 당신은 상대방에게 가치 있는 정보를 제공할 수 있게 되고 협상은 한결 매끄럽게 흘러갈 것이다.

05

예산 또는
가격 협상을 할 때

좀 더 할인해주세요.

이 예산 안에서 가능한 일을 함께 생각해봅시다.

가격 협상은 정말 피곤한 일이다. 심리적으로 부담되는 건 물론이고 세세한 항목을 톺아보면서 무엇이 필요하고 무엇이 불필요한지 판단하는 수고도 필요하다. 숫자라는 형태로 의도가 뚜렷이 드러나다 보니 두루뭉술하게 처리할 수도 없다.

특히 가격을 깎아달라는 요구는 아무리 공손하게 말하고 근사한 표현으로 바꿔도 당신의 바람을 일방적으로 전할 뿐이다. 이런 요구를 받은 상대방은 협력할 마음이 선뜻 들지 않을 것이며, 자연히 협상은 제자리만 맴돈다. 이럴 때는 제안하려는 비용과 고민 지점을 함께 제시하는 것이 좋다.

예로, 상대방이 새로운 IT 시스템을 제안하면 "지금 저희에게 할당된 이 예산 안에서 가능한 최적의 설계를 함께 생각해보고 싶습니다"와 같이 답하는 것이다. 단순히 비용 절감만 요구하면 상대방은 비용을 줄이느냐 줄이지 않느냐라는 판단에 초점을 맞출 수밖에 없다. 따라서 새로운 가치를 만들어내기 위한 고민으로 초점을 이동시켜야 한다. "우선은 꼭 필요한 기능만 도입하고 나중에 옵션 추가를 검토하면 어떨까요?"라고 구체적인 방안을 끌어내는 것도 좋은 방법이다.

직접적으로 할인을 요구하기보다 나의 관심사를 전하면 상대방의 주안점이 바뀔 뿐만 아니라 양쪽 모두의 지혜를 모아 상상을 뛰어넘는 협상 결과를 낼 수도 있다.

06
마감 기한을
미뤄야 할 때

저희의 잘못으로 폐를 끼쳤습니다.

솔직히 말씀드리자면 ○○ 영향으로 늦어질 것 같습니다.

설득과 협상에서는 선을 긋지 않는 것이 중요하다. 설득하는 사람과 듣는 사람 사이에 선이 그어지면 서로 힘을 합쳐야 하는 사이가 대립각을 세우며 시작하기 때문이다. "저희의 잘못으로 폐를 끼쳤습니다"라는 말은 사실 있지도 않은 선을 긋는 표현 방식이다. 협상에는 당신뿐만 아니라 상대방도 연관되어 있다. 먼저 사과하는 방식으로 상대방의 타협을 유도하다 보면 수평적이지 않은 관계로 나아갈 우려가 있다.

프로젝트 마감을 미뤄야 하는 상황을 생각해보자. 많은 사람이 미안한 마음에 "죄송합니다. 저희 사정으로 마감일을 지키지 못하게 되었습니다"라고 말하곤 한다. 당신은 솔직히 말하려던 의도일 테지만, 상대방은 당신이 자신의 문제를 은근슬쩍 넘기는 것처럼 느낄지도 모른다. 따라서 이럴 때는 "솔직히 말씀드리자면 자재비 상승의 영향으로 납품이 늦어질 것 같습니다"라고 문제의 원인을 밝히고, 상대방과 함께 고민하는 시간을 갖도록 하자.

협상 테이블을 사이에 둔 당신과 상대방은 승부를 가리는 관계가 아니며, 어느 한쪽이 우위에 있는 것도 아니다. 프로젝트를 성공으로 이끌기 위한 동료 사이다. 성실한 커뮤니케이션은 신뢰가 기본이다. 이는 무작정 사과부터 해서 어느 한쪽을 나쁜 사람으로 만드는 것과는 다르다.

07
상대방에게 중요한 역할을 맡길 때

이 일을 꼭 맡아주세요.

누가 적임자인지 고민한 끝에 당신에게 부탁하기로 했습니다.

설득의 열쇠는 서로의 온도 차를 줄이는 것이다. 어떤 일을 할 때 당신은 적극적이고 의욕이 넘치지만 상대방은 썩 내키지 않는 눈치다. 이런 온도 차는 어떻게 뛰어넘을 수 있을까?

이때 필요한 것이 상대방의 스위치를 누르는 한마디다. 상대방의 능력을 인정한다면 능력을, 경험을 높이 산다면 경험을 언급하는 식으로 상대방을 추켜올리는 방법도 좋지만 한 가지 더 알아두면 좋다. 바로 당신의 수고를 말로 전하는 것이다. 시간을 들여 고민했다면 그 시간을, 추천을 받고 검토했다면 주변 사람들의 신뢰를 표현한다.

그러면 상대방은 이렇게 생각할 것이다. '그만큼 시간과 수고를 들여 고민한 결과라면 이 사람이 하는 말을 믿어보자.' 보이지 않는 노력은 보이지 않는 대로 두는 것도 멋있지만, 때와 장소에 따라 설득을 위한 마지막 퍼즐 조각이 될 수도 있다.

이때 당신 나름의 판단 기준만 있는 그대로 전하면 나쁜 영향을 미칠 우려가 있다. 가령 "이 클라이언트는 영업 실적이 좋은 당신이 맡아주길 바랍니다"라고 말하면 사람을 숫자와 결과로만 평가하는 것처럼 보일 수 있다. "어떤 비즈니스 논의든 받아주는 자세와 순발력 넘치는 대응이 실적으로 이어졌으니 새로운 클라이언트도 맡기고 싶습니다"와 같이 당신이 느낀 구체적인 능력에 대한 이야기를 곁들이자.

08 계약 조건을 명시할 때

계약 기간은 최소 6개월입니다.

시스템을 운용하는 6개월간 무상으로 유지 보수를 받을 수 있습니다.

앞서도 이야기했지만 어떤 사실은 관점에 따라 긍정적으로도, 부정적으로도 바뀐다. 계약 조건에서 6개월이 최소 조건이라 할 때, 상대방은 '6개월'이라는 기간을 부정적인 제약으로 느낄 수도 있다. 하지만 당신은 회사 규정과 방침으로 정해진 조건을 어떻게든 받아들이게 해야 한다. 이때 열쇠가 되는 것이 '프레이밍'이다. 조건은 다양한 사정으로 인해 생기는데, 깊숙이 파고 들어가 보면 양쪽 모두에게 좋은 면이 있기 마련이다.

6개월이라는 기간을 어떻게 긍정적으로 보이게 할 수 있을까? 상대방의 입장에서 생각해보자. 일정 기간 이상 운용이 보장되면 꼼꼼한 유지 보수를 무상으로 제공받을 수 있다. 그리고 6개월 동안 보수하는 데 비용이 들어가지 않으므로 그 돈을 제품 품질 향상에 투자할 수도 있다. 만약에 한 달만 운용하면 초기 대응만 하다가 기간이 끝나버리므로 도입 효과를 기대할 수 없다는 문제도 있다. 이처럼 관점을 바꾸는 프레이밍을 통해 상대방이 고개를 끄덕이게 만들어야 한다.

당신의 사정을 있는 그대로 전하는 대신 상대방이 이득이라고 느낄 만한 포인트를 확실히 정하고 이를 구체적으로 보여줘야 한다. 기존 정보에 긍정적인 관점을 더하기만 해도 당신의 제안이 가치 있는 것처럼 보이기 시작할 것이다.

09
어려운 상황에서
설득할 때

어떻게 안 될까요?

이 문제를 해결하려면 어떻게 해야 할까요?

일을 하다가 도저히 손쓸 수 없는 상황이 올 수도 있다. 그런 상황에 맞닥뜨리면 '어떻게 안 될까요?'라는 말이 목 끝까지 차오른다. 기분은 알겠지만 한 번만 꾹 참아보자. 이런 말은 일을 남에게 떠넘기려는 것처럼 들리는 데다가, 요구 사항이 두루뭉술해서 다른 사람이 도와주고 싶어도 무엇을 어떻게 해야 할지 알 수 없기 때문이다.

만일 프로젝트를 추진하다가 문제가 생기면 "이 사태를 해결하려면 어떻게 해야 할까요?"라고 말하면 된다. 그러면 마치 안건을 회의에 부치는 느낌이 든다. "추가 인력을 투입하면 납품을 앞당길 수 있지 않을까요?"같이 구체적인 생각을 내놓는 것도 좋다. 상대방이 대책을 고민하는 데 많은 도움이 될 것이다.

이런 방법은 클라이언트가 무리한 요구 사항을 제시할 때도 유용하다. "불가능할 것 같은데, 어떻게 안 될까요?"라고 애매하게 설득하는 대신 "마감일을 늦추지 않기 위해 중간 확인 과정 중 일부를 생략하면 안 될까요?"라고 구체적인 방법을 제시하는 것이다.

이때 상대방의 행동을 나무라면 역효과가 날 수 있다. 지금은 구체적인 대책을 짜내는 데 시간을 쏟을 때다. 상대방을 질책하면 연대감도 생기기 힘들다. 따라서 부탁이 아니라 공통 과제 설정에 집중하도록 하자.

CHAPTER 5

승낙을 쉽게 얻는 권유의 기술

상대방이 선뜻 대답할 수 있도록 '권유' 대신 '제안'을

이번 파트의 주제는 '권유'다. 소중한 사람이나 평소 신세 진 사람, 새로 입사한 직원과 가까워지기 위해 식사라도 하자고 권하는 상황을 상상하면 된다. 낯을 많이 가리거나 거절당하는 것이 두려워 좀처럼 입을 떼지 못하는 사람에게 도움 될 만한 표현을 모아보았다.

우선 상대방이 대답을 망설일 만한 표현을 쓰지 않는 게 중요하다. "O월 O일 시간이 되시나요?"라고 대뜸 일정을 물어보면 상대방으로서는 당황스럽다. 무슨 일로 물어보는지, 또 그날 자신도 무슨 일이 있을지 짐작할 수 없으므로 일정이 비어 있어도 솔직하게 답하기 힘들다. 가까워지고 싶어서 한 말이 오히려 경계심을 불러일으키는 셈이다.

그보다는 먼저 같이 가보고 싶은 가게가 있다고 하면서 가고 싶은 장소를 제안하는 게 좋다. 평소 도와준 것에 보답하고 싶다고 의도를 전하고, 요즘 SNS에서 자주 보이는 곳이라 궁금해졌다는 식으로 이유를 덧붙인다. 또 한여름 야구장에서 마시는 맥주는 일품이라며 좋아하는 포인트를 소개할 수도 있다. 이렇게 하는 이유는 단순히 권유만으로는 너무 직설적인 느낌을 주기 때문이다.

권유 대신 제안을 하라. 권유는 상대방이 "네" 혹은 "아니요"로 답할 수 있으므로 거절당했을 때 받는 충격이 크다. 그에 비하면 제안은 상대방이 거절하더라도 다른 제안을 할 기회가 남아 있다.

메시지를 강화하는 세 가지 방법

한번 들으면 잊기 힘들 만큼 매력적인 메시지는 분명 존재한다. 상대방의 감정을 움직이고 권유를 승낙하게 만들려면 무엇이 필요할까? 적은 글자 수로 사람들의 마음에 긍정적인 이미지를 만들어야 하는 카피라이팅에서 그 실마리를 찾을 수 있다.

다음은 메시지에 힘을 더하는 카피라이팅 기법들 중에서 도움이 될 만한 몇 가지를 정리한 것이다.

① 구체적으로 표현하라

구체적으로 표현하면 정보를 시각화하기 쉽고, 상상력이 발동되어 상황을 실감할 수 있다. 글을 읽었을 뿐인데 마치 내가 그곳에 있는 것처럼 풍경이 떠오르는 것이다. 예를 들어 '탈의실에서 생각나면 진짜 사랑이다(일본의 종합쇼핑몰 루미네, 2009)'라는 카피가 있다. '탈의실'이라는 단어도 특정 장소를 떠올리게 하지만 여기에 '진짜'라는 부사가 더해져 평범한 사랑과 차별화된다. 이처럼 구체적인 단어는 상황을 생생하게 느끼게 하는 방아쇠가 된다.

② 놀랄 만한 점을 강조하라

몰랐던 사실을 알게 되었을 때 느끼는 놀라움은 매우 강렬한 감정이다. 어릴 때 본 낯선 풍경이나 처음으로 깨달은 사실은 몇 년이 지나도 떠오르는 것만 봐도 알 수 있다. 아시아권에서는 감정을 크게 '희로애락'으로 분류하지만, 철학자인 데카르트에 따르면 놀라움, 사랑, 증오, 욕망, 기쁨, 슬픔 등 여섯 가지 정념이 있다고 한다. 그중에서도 놀라움은 맨 처음에 온다고 설명한다. 거기서 사랑이나 기쁨 같은 감정으로 나아가는 것이다.

어렵게 느껴질 테지만 자기도 모르게 헉하고 놀랄 정도가 아니어도 된다. 마음속으로 '아, 그렇구나'라고 느끼기만 해도 그 또한 놀라움이다. 그 정도 놀라움만 줄 수 있어도 충분하다. 주목받는 여행지부터 신기한 가게, 새로 나온 디저트까지 수많은 소재가 매일매일 쏟아지면서 우리 주변을 들썩인다. 상대방의 취미나 취향에 따라 호불호가 갈릴 수 있지만, 상대방이 아직 모를 것 같은 사실을 알려준다면 매우 매력적인 권유가 될 수 있다.

③ 상상하게 만드는 스토리를 곁들여라

상대방이 권유하는 이유도, 앞으로 내가 무엇을 하게 될지도 모를 때 하고 싶은 의욕이 막 끓어오를 사람은 별로 없을 것이다. 그렇기 때문에 '일이 이렇게 진행됐구나', '함께 가면 이런 것이 기다리겠구나'라고 전후 사정을 상상할 수 있도록 제안의 말을 건네야 한다. 같은 정보라 하더라도 스토리가 있으면 더 쉽게 이해하고 오래 기억할 것이다.

"요즘 와인을 공부하고 있어서 그러는데, 새로운 와인바에 가볼래?"라며 배경 상황을 설명하거나 "예상할 수 없는 결말로 화제가 된 영화가 있는데 어떤 반전인지 같이 보러 갈까?"

라며 함께 했을 때 도달할 수 있는 미래를 상상하게끔 구체적인 스토리를 곁들이자.

01

만남을
제안할 때

저랑 데이트할래요?

○○작가의 전시회 표가 생겼는데 같이 볼래요?

무언가를 함께 하자고 권하는 것은 관계를 쌓기 위한 첫걸음이다. 하지만 사적인 만남을 제안할 때는 직접적으로 하지 않도록 조심하자. 상대와 같이 놀고 싶다거나 그가 와주기를 바라는 마음이 너무 강하면 지나치게 노골적으로 표현할 수 있기 때문이다. "데이트할래요?", "같이 밥이라도 먹을까요?", "다음 주에 자리를 마련할게요" 같은 표현은 프레젠테이션으로 치자면 결론이다. 결론부터 말하는 것 자체는 나쁘지 않지만, 결론만 말하면 업무 보고처럼 무색무취한 메시지가 될 수 있다.

상대방에게 필요한 것은 권하는 사람이 어디를 가고 싶은지, 왜 거기에 관심이 생겼는지, 무슨 체험이 기다리고 있는지 같은 정보다. 상대방에게 권하는 이유도 덧붙이면 좋다. 그래야 상대방도 갈지 말지 진지하게 생각해볼 수 있다. 예를 들어 직장 동료와 점심을 먹으러 가고 싶을 때 "점심이라도 먹을래요?"라고 권하기보다는 "근처에 새로 생긴 식당이 있는데 같이 가볼래요?"라고 제안하면 더 자연스럽다.

직접적인 요구는 일방적인 강요로 들릴 수 있다. 여기에 선택지를 더하거나 이유와 장점 같은 전후 사정을 곁들이면 '제안'이 된다.

02 아직 어색한 사이에 점심을 권할 때

점심에 시간 있어요?

새로 생긴 맛집, 점심에 가면 싸다고 하더라고요.

평소 거의 대화한 적 없는 옆 부서의 사람과 같이 점심을 먹고 싶을 때 보통은 "점심에 시간 있어요?"라고 일정부터 확인하기 마련이다. 하지만 목적이나 배경을 모르는 상태에서는 권유하는 의미와 의도가 무엇인지 이것저것 상상하게 된다. 관계가 얕은 데다가 정보량이 적은 상황에서 이뤄지는 상상은 대개 부정적인 방향으로 흐를 수 있다.

하지만 "새로 생긴 맛집, 점심에 가면 싸다고 하더라고요"라는 정보를 제공하면 당신의 권유가 얼마나 매력적인지 쉽게 전해진다. SNS에서 유명한 가게나 둘 다 아는 지인이 추천한 가게 등 소소한 발견을 곁들여보자. 그렇게 하면 일정이 맞지 않아도 "궁금하니까 다음에 꼭 같이 가요"라고 다음 약속으로 이어질 수 있다.

점심 약속쯤 가볍게 권해도 되지 않냐고 생각하는 사람도 있을지 모른다. 하지만 식단을 제한하는 중이거나 급한 업무가 있어 식사에 시간을 많이 쓰지 못하는 사람도 있다. 또 식사는 간단하게 해결하고 남은 시간을 자유롭게 쓰고 싶은 사람도 있다. 점심시간은 한 직장에 다니는 사람 모두에게 똑같이 주어지는 시간이지만 사용하는 방식은 제각각 다르다. 나만의 잣대로 판단하지 말고 상대방이 솔깃할 만한 제안을 고민해보자.

03
회식 참여를 권할 때

오늘 회식 있는데 올래요?

그전부터 같이 이야기하고 싶었는데 오늘 일정 어때요?

신입사원이었을 때 한 선배가 밤늦게 울리는 사무실 전화를 조심하라고 일러준 적이 있었다. 대개는 저녁을 먹고 2차를 가던 상사가 야근 중인 신입사원을 술자리로 불러내는 전화이기 때문이다. 물론 옛날이야기지만, 갑자기 회식이나 모임에 불러내는 상황까지 없어진 것은 아니다.

회식이나 모임에 동료를 부를 때 "오늘 회식 있는데 올래요?"라고 일정과 의사를 한 번에 확인하려는 경우가 종종 있다. 하지만 갑작스러운 데다가 상대방에게 부담을 줄 수 있다. 이럴 때는 "그전부터 이야기를 나눠보고 싶었어요"라고 권유하는 이유를 명확히 표현하고, 갑작스럽지만 꼭 와주었으면 하는 마음을 보여주는 것이 중요하다. 동료 직원을 술자리에 부를 때는 "○○ 씨의 생각을 듣고 싶은데 오늘 술자리에 같이 갈래요?"라고 말하면 이유는 물론이고 상대방에 대한 존중도 전할 수 있다.

가볍고 편안한 모임은 신뢰 관계의 밑거름이다. 원격 근무가 일반화되면서 식사나 술자리가 어색해진 조직도 많을 것이다. 동료나 부하 직원에게 식사나 술자리를 권하는 일이 망설여진다면 "편안한 분위기에서 한번 이야기 나눠보고 싶었는데, 회식 때 얼굴만이라도 잠깐 비치지 않을래요?"라고 말해보자. 그러면 상대방도 그 자리의 의미를 실감할 것이다.

04 약속 시간을 조율할 때

언제 시간 돼요?

저는 화요일이나 목요일이 괜찮아요.

남에게 바라는 일이 있으면 수동적으로 기다리지 말고 먼저 나서라. 이는 커뮤니케이션에서 잊어서는 안 되는 철칙이다. 약속을 잡다 보면 자기도 모르게 언제 시간이 비는지 알려달라고 요구하기 쉽다. 하지만 그러면 상대방은 부담을 느끼고 머뭇거리게 된다. 이럴 땐 "저는 O일이나 O일이 괜찮아요"라고 자신의 일정을 먼저 알려주면 별것 아닌 배려처럼 보여도 대화가 훨씬 매끄러워진다. 언제가 괜찮은지 백지상태에서 일일이 확인하는 것보다 제시된 몇 가지 선택지를 검토하는 쪽이 더 편하기 때문이다.

특히 일정을 잡을 때 "저는 화요일이나 목요일이 괜찮은데 언제가 더 편한가요?"와 같이 제안하면 상대방의 수고를 덜 수 있다. "조금 늦게 시작해도 된다면 수요일도 괜찮습니다"라고 차선책까지 제시하면 조율이 한층 수월해진다.

언제 시간이 되냐는 질문은 상대방의 의사를 존중하려는 의도에서 나오는 것이겠지만 '하루 정도는 비어 있겠지?' 하고 거절이라는 선택지를 뺏는 것처럼 보이기도 한다. 당신이 먼저 비어 있는 날짜를 제시하면 상대방에게 선택의 여지를 줄 수 있으므로 허들이 낮아진다. 그 밖에도 식당 후보나 참석 예정자 등을 알려주면 어떤 상황인지 구체적으로 상상할 수 있으므로 일정을 조정할 때 도움이 된다.

05
다음번 만남을 기약할 때

다음에 또 불러주세요.

다음번에는 제가 연락드릴게요.

모임 이후 감사하는 마음을 전하고 싶어서 혹은 즐거운 자리였다는 감상을 알리고 싶어서 "다음에 또 불러주세요"라고 흔히들 말한다. 꽤 적극적인 표현처럼 보이지만 여기서 주도권을 발휘하면 한층 호감을 높이는 표현으로 바꿀 수 있다.

비즈니스 미팅이나 가벼운 모임이 끝날 때쯤 "다음번에는 제가 먼저 연락드릴게요"라고 말하면 당신이 얼마나 긍정적이고 적극적이고 열성적인지 보여줄 수 있다. 상대방은 당신이 이 관계에 진심이라는 사실을 느낄 뿐만 아니라 다음 모임을 기획하고 준비해야 한다는 부담감에서도 벗어난다.

친구와 오랜만에 만났을 때도 "다음번에는 내가 자리를 마련할게"라고 말하면 상대방은 당신의 적극적인 자세에 호감을 느낄 것이다. 서로에게 무척이나 즐거운 자리였다는 사실을 확인할 수 있어 다음 만남도 기대가 된다. 말 한마디로 마음을 두 번 울리는 것이다.

간혹 "다음에 또 불러주세요"나 "조만간 같이 가요"라는 말을 인사치레로 하는 사람이 있다. 딱히 만날 생각도 없으면서 그럴듯한 말로 기대감만 심어주는 것이다. 하지만 상대방도 그 말을 인사치레로 받아들일지는 모르는 일이다. 남의 마음에 불씨만 지피고 행동으로 옮기지 않으면 자칫 상처를 줄 수 있으므로 자제하도록 하자. 중요한 것은 먼저 나서서 자신의 마음을 말이라는 형태로 전하려는 자세다.

06
모임에 함께 가자고 권할 때

너 말고는 다 가는데, 같이 가자.

많이 가면 갈수록 재미있잖아.

모임 약속에서 다른 사람을 불러낼 때 "너 말고는 다 가는데" 또는 "이왕 가는 거, 다 같이 가자" 같은 말은 조심해야 한다. 부담감을 덜어주려는 의도일 테지만 상대방은 자기만 빠지면 안 될 것 같은 압박을 느낄 수 있기 때문이다. 이럴 땐 "많이 가면 갈수록 재미있잖아"라고 말해보자. 상대방에게 이득이 되는 것을 보여줄 뿐만 아니라 집단행동을 강요하지 않는다는 점에서 배려심이 느껴지는 표현이다.

파티나 행사에 같이 가자고 할 때 "여럿이서 가면 다양한 이야기를 나눌 수 있어서 좋아"라고 말하면 상대방은 그 자리의 분위기를 기대하게 된다. 구체적으로 전하면 전할수록 어떤 일이 펼쳐질지 상상하기 쉬워진다. 팀원들끼리 점심을 먹으러 갈 때는 "평소 사무실에서 듣기 힘든 이야기, 궁금하지 않아?" 하면서 권하면 된다. 상대방에게 도움이 되는 가치를 제안하는 것이다.

여담이지만 어떤 실사 영화가 개봉하자마자 혹평에 휩싸인 적이 있었다. 이때 한 선배가 "꼭 영화관에서 보고 싶다. 다 같이 보고 솔직한 감상을 나누면서 충격을 분산시키고 싶다"라고 말했더니 순식간에 90명 넘는 사람이 모였다. 다들 그 영화가 궁금했지만 망설였던 것이다. 똑같이 행동하기를 요구하기보다는 상대방이 혹할 만한 제안을 하라.

상대방을 위해
식당 예약을 했을 때

07

제가 ○○ 씨를 위해서 예약했어요.

○○ 씨가 먹어봤으면 하는 메뉴가 있어서요.

훌륭한 사람일수록 생색과 거리가 멀다. 한 상장 회사를 경영하는 사장은 회사 사람들과 갈 식당을 직접 예약한다고 한다. 그리고 미안해하는 상대방에게 "이 가게 대표 메뉴를 좋아하실 것 같아서요", "어딜 갈지 고르는 시간이 즐겁거든요" 등 별것 아니라는 듯이 말한다고 한다. 이렇듯 누군가를 위해 무언가를 할 때 스스로 좋아서 하는 일이라고 말하면 상대가 부담을 덜 느끼게 된다.

예약처럼 번거로운 일을 나서서 맡는 것은 좋은 일이다. 하지만 그 사실이 상대방에게 짐으로 느껴진다면 본말전도다. 심지어 "○○ 씨를 위해서 했다"라고 말하기까지 하면 상대방은 그에 걸맞게 보답해야 한다는 압박을 받는다. 그러니 생색을 내기보다는 상대를 대접한다는 마음이 느껴지게 말하자.

좀 더 구체적으로 상대방이 무엇을 좋아할지 고민한 것까지 전하면 좋다. 레스토랑을 예약했다면 "○○ 씨가 한번 먹어봤으면 하는 메뉴가 있거든요", "레스토랑의 분위기가 ○○ 씨 취향에 맞을 것 같아서요"와 같이 말하는 것이다. 상대방을 위해서라며 예약한 사실만 전하면 생색내는 것처럼 보일 수 있지만 구체적인 이유를 덧붙이면 대접이 된다. 누군가와 특별한 관계를 쌓고 싶다면 먼저 특별한 제안을 해보자. 인간관계에서 중요한 것 중 하나는 겸손한 자세다.

08
상대방의 생각을 더 듣고 싶을 때

그 이야기를 더 듣고 싶어요.

각자 알고 있는 정보를 나눠볼까요?

받기만 하지 말고 베풀라는 '기브 앤드 테이크'는 무언가를 권유할 때도 효과적이다. 이야기를 흥미진진하게 듣고 있다는 사실을 알리려다 보면 자기도 모르게 "그 이야기를 더 듣고 싶어요. 조금 더 말씀해주세요"라고 말하기 쉽다. 당신이 무언가 제안을 받는 상황이라면 상관없다. 하지만 대등하고 깊은 관계를 목표로 한다면 상대방이 말하기만을 기다리는 듯한 태도는 좋은 작전이라고 볼 수 없다.

당신 쪽에서도 정보를 공유하거나 의견을 제시하는 등 티키타카가 이루어지지 않으면 관계는 깊어지지 않는다. 지식도 경험도 조언도 상대방이 노력 끝에 얻은 소중한 자산이다. 그냥 받기만 해도 되는 것이 아니다.

사적으로 친한 사람에게 정보 공유를 목적으로 만나자고 말하기는 어렵다. 거창해 보일지도 모른다는 생각 때문이다. 그럴 때는 "이 분야에 관해서는 너한테 먼저 물어보고 싶어서"와 같이 말을 꺼내보자. "저번에 설명해준 내용이 이해하기 쉽더라고"같이 긍정적인 피드백을 덧붙이는 것도 좋다. 친한 사이라고 해서 대강 넘어가지 말고 어떻게 하면 상대방의 의욕을 북돋울 수 있을지 고민해보자.

CHAPTER 6

상처 주지 않는 거절의 기술

배경을 제대로 전하지 않으면 상상의 빌미가 된다

일을 하다 보면 다른 사람의 의뢰나 제안을 거절해야 할 때도 적지 않다. 이때 어떻게 거절하느냐에 따라 상대방과의 관계성이 크게 바뀐다는 사실을 알고 있는가? 제대로 거절할 줄 알면 의사소통이 껄끄럽지 않고 매끄럽게 흘러갈 수 있다. 심지어 단순히 상대방의 요청을 거절하는 데서 그치지 않고 상대방과의 신뢰 관계를 유지할 수도 있다. 반면 손해 보는 말투를 구사하면 설명이 구구절절 길어지거나 상대방과의 관계가 꼬인다. 그리고 결국 제대로 거절하지도 못한다. 그 차이는 어디서 나올까?

핵심은 주변 정보를 제대로 전하는 것이다. 당신이 처한 상황, 거절의 근거, 결단의 배경이 된 생각, 일에 대한 가치관 같은 배경 지식을 전하지 않고 거절만 하면 상대방은 불안감과 편견에 사로잡혀 멋대로 추측하기 시작한다. '설득력이 부족했나?', '관심은 있는데 망설이는 건가?', '조금만 더 설득하면 넘어오지 않을까?' 등 한번 상상하기 시작하면 이야기가 늘어져 서로 피곤해진다.

상대방의 근거없는 상상에 제동을 걸려면 거절의 근거와 배경을 명확히 보여주어 상대방이 추측할 만한 여지를 남기지 말아야 한다.

거절을 할 때는 구체적인 이유를 대라

거절할 때 어떤 단어와 어떤 커뮤니케이션 방법을 고르느냐에 따라 상대방에게 주는 인상과 감정이 크게 달라진다. 거절의 기본은 구체화다. 구체적인 이유와 상황을 설명하면 부탁하는 쪽은 당신이 무슨 근거로 그런 판단을 내렸는지, 어떤 과정으로 거절이라는 결론에 다다랐는지 알 수 있다.

"지금 당장은 힘듭니다"와 같이 두루뭉술하게 거절하면 상대방은 '그렇다면 지금 당장만 아니면 되는 건가?'라고 생각하고 승낙을 전제로 대안을 고민하기 시작할 것이다. 따라서 이럴 때는 "다음 주 목요일에 중요한 프레젠테이션이 있어서 그 전까지는 시간이 없습니다"라고 명확히 말해야 한다.

지금 얼마나 바쁜지, 일을 몇 개나 맡고 있는지, 다른 일은 얼마나 진행되었는지, 추진 중인 논의가 얼마나 어려운지, 당신이 처한 상황은 당신만 설명할 수 있다. 결론만 말하면 맡느냐, 맡지 않느냐 하는 '모 아니면 도'의 문제다. 반면 자세한 설명을 덧붙이면 상대방도 대안을 검토하거나 한층 완화된 조건을 내걸 것이다. 이런 과정을 통해 대립 관계인 듯 느껴졌던 상대방과의 관계는 함께 머리를 맞대고 해결책을 고민하는 협력 관계로 발전할 수 있다.

억지로 밀어붙일 때는 '어두운 미래'를 제시하라

근거와 배경을 설명해도 상대방이 좀처럼 물러나지 않을 때는 어떻게 해야 할까? 상대방은 당신이 부탁을 받아들이는 미래를 상상한다. 말하자면 머릿속이 밝은 미래 쪽으로 치우친 상태다. 따라서 장애물이나 마찬가지인 거절의 근거와 배경도 '마음만 먹으면 어떻게든 할 수 있는 것'으로 보인다. 이럴 때는 아무리 거절해봐야 마음을 돌릴 수 없다. 오히려 상대방은 밝은 미래로 향하기 위해 더 세게 액셀을 밟을 것이다.

이럴 때는 상대의 부탁을 받아들였을 때 펼쳐질 '어두운 미래'를 상상하게 만드는 방법이 효과적이다. 구체적인 위험과 문제점을 설명하면 상대방은 자신의 부탁이 비현실적이라는 사실을 이해하고 그 결과를 상상할 수 있다. "회사 규정상 불가능합니다"만으로는 부족하다. "규정을 위반하게 되므로 거래처에도 피해가 갑니다"라고 어두운 미래를 공유해야 상대방도 당신과 같은 선상에서 상황을 검토할 수 있다. 부탁을 거절하는 배경에 당신이 어떻게 손쓸 수 없는 주변 상황이 얽혀 있다는 사실을 알게 되면 상대방도 좀 더 객관적으로 상황을 판단할 것이다.

최후의 수단은 강조와 협상

어두운 미래를 제시해도 상대방이 물러설 기미를 보이지 않는가? 시간을 조금 두었다가 다시 부탁해오는가? 이쯤 되면 당신도 슬슬 미안해지거나 피곤해질 것이다. 거절이야말로 정신적으로 상당한 에너지를 소모하는 일이기 때문이다.

상황이 달라지지 않았다면 배려심을 발휘할 것 없이 다시 한번 근거와 배경을 강조하자. "저번에 이야기 나눈 뒤로 시간이 지난 만큼 일정이 더 촉박해졌습니다. 이대로라면 클라이언트가 요구하는 납품일을 지킬 수 없습니다"라고 어두운 미래를 다시 한번 강조하는 것이다.

협상을 통해 상황을 바꾸는 방법도 있다. 다만 단순히 의견을 나누는 데서 그치지 않고 "이 규정을 바꿔주시면 받아들일 수 있습니다"라고 당신의 요구 사항을 강하게 밀어붙이는 방식으로 타협점을 찾아야 한다. 상사나 다른 팀원 등 제3자를 개입시키는 것도 효과적이다. 계속 거절하다 보면 죄책감에 시달릴 수 있으므로 일대일로 대응하는 대신 마음의 짐을 나눠 가지는 것이다.

그러면 상대방의 부탁이나 제안을 거절하는 다양한 방법을 살펴보자.

01
단호하게 거절하기 어려울 때

○일까지 하는 건 어렵습니다.

여기까지라면 할 수 있습니다.

거절은 상대방에게 싫은 소리를 해야 한다는 점에서 정신적인 스트레스가 발생한다. 강한 표현을 사용하면 상대방에게 상처를 줄 수도 있는데, 상상만 해도 죄책감에 마음이 무거워진다. 남의 부탁을 거절하지 못하는 사람은 이런 패턴이 대부분일 것이다. 그럴 때는 "여기까지라면 할 수 있습니다"라고 말해보자. 부정적인 표현을 180도 뒤집어 긍정적인 표현으로 바꾸는 것이다.

우선 힘을 보태고 싶다는 의사를 보여주어야 한다. 그리고 구체적인 범위와 조건을 덧붙이면 상대방은 당신이 얼마나 바쁜지, 어떤 상황에 놓여 있는지 이해할 수 있다. 상대방이 프로젝트 마감일을 앞당겨달라고 부탁하는 상황을 가정해보자. "○일까지는 어렵습니다"라고 딱 잘라 거절하는 대신 "○일보다 사흘 뒤라도 괜찮다면 할 수 있습니다"라고 구체적인 범위를 보여주는 것이다. 그러면 상대방은 일정에 대해 적극적으로 검토할 수 있다. 어떤 조건이 바뀌면 수용할 수 있다는 식으로 협상을 제안하는 것도 좋다.

결국 상대방을 존중하는 마음과 도우려는 자세를 보여주는 것이 중요하다. 그렇게 하면 서로 조건이 맞지 않아도 상대방은 당신의 프로 의식과 융통성을 높이 평가하고 당신을 더욱 신뢰할 것이다.

02

시간을 내기 어려울 때

지금은 바빠서요.

이번 주는 힘들지만 다음 주부터는 시간을 낼 수 있습니다.

"제가 지금은 바빠서요"는 거절하는 상황에서 가장 많이 쓰이는 표현일 것이다. 하지만 아무리 부드럽게 말해도 무뚝뚝하고 서먹한 인상이 묻어나온다. 상대방이 공감할 여지도 없다. 그 결과 상대방은 거절당했다는 것만 기억하고 당신에게서 멀어진다. 반면 "이번 주는 힘들지만 다음 주부터는 시간을 낼 수 있습니다" 같은 표현은 명확한 시점을 제시함으로써 상대방을 돕고 싶다는 의사와 융통성을 보여줄 수 있다. 서로 구체적인 일정을 알 수 있으므로 대화가 끊기는 일도 없다.

새로운 업무 요청이 들어왔을 때 "지금은 바빠서 안 돼요"라며 거절하는 대신 "이번 주는 출장과 회의로 일정이 빽빽해서 힘들지만 다음 주 월요일이라면 참석할 수 있습니다"라고 말해보자. 대안을 제시하는 것은 상대방을 배려하고 존중하는 자세를 보여주는 방법이기도 하다. 또한 계획이 구체적이면 구체적일수록 상대방은 당신이 자신의 요청을 진지하게 생각한다는 인상을 받을 것이다. 자연스레 당신에 대한 신뢰감도 높아진다.

가능한 한 자신의 상황을 명확히 알리면 상대방이 수긍하기도 쉬워진다는 사실을 기억하자.

03
규정에 맞지 않는 일을 거절할 때

회사 규정상 불가능합니다.

회사 방침으로 인해 진행이 어렵습니다. 과거에 이런 문제가 발생했거든요.

이는 어두운 미래를 보여주고 상대방이 적절한 검토를 하도록 유도하는 접근법이다. 지금의 계획을 그대로 추진하면 어떤 일이 벌어질 수 있는지 구체적으로 설명하며 거절 의사를 전하는 것이다. 상대방을 배려하는 말투로 어두운 미래를 공유하면 양쪽 모두 상황을 한층 냉정하게 판단할 수 있다.

프로젝트를 진행하다가 요청 사항이 들어왔을 때 단순히 "회사 규정상 불가능합니다"라고 거절하면 상대방은 '그 규정에 예외는 없을까?', '실제로 존재하는 규정일까?' 등 망상을 펼치기 시작한다. 반면 "회사 방침에 따라 요청하신 대로 진행할 수 없을 것 같습니다. 과거 비슷한 사례가 있었는데 그때는 이런 문제가 발생했습니다"라고 배경과 전후 사정을 알려주면 상대방은 제약의 전체적인 양상을 이해할 수 있다.

즉 단순히 회사 규정만 내세우는 것이 아니라 그럴 수밖에 없는 이유와 배경을 보여줘야 한다. 예를 들어 거래처에서 납품일을 앞당겨달라고 요구하면 "회사 규정상 해당 공정은 일주일 이상 꼭 필요합니다. 매우 섬세한 장비를 사용하므로 무작정 기간을 줄이기 위해 거칠게 다루면 고장이 날 수 있습니다"라는 식으로 거절하자. 두루뭉술하게 표현해서 없어도 될 여지를 남기면 서로 손해를 볼 뿐이다.

04
불가능한 상황에서 거절할 때

일손이 부족합니다.

지금은 인력을 한 명도 할애할 수 없는 상황입니다.

"일손이 부족합니다"라는 말이 튀어나올 정도라면 막다른 골목에 몰린 상황일 것이다. 심정은 충분히 이해한다. 일하다 보면 인력이나 예산이 남아도는 경우가 드물기 때문이다. 말하자면 피할 수 없는 허들이다. 하지만 "일손이 부족합니다"라는 표현만으로는 상대방을 설득하기 힘들다.

이럴 때는 "지금은 인력을 한 명도 할애할 수 없다"와 같이 구체적인 수치를 제시하자. 일을 할 사람이나 시간 등 자원이 구체적으로 얼마나 부족한지 호소하는 것이 중요하다. "시간 관계상 정기 회의는 격주로 진행하려고 합니다", "입안까지 참여하기는 힘들지만 자료에 대한 조언은 드릴 수 있습니다"라고 명확한 조건을 제시해야 상대방도 당신이 처한 상황을 똑바로 이해할 수 있다. 조금 차가워 보일지도 모른다. 하지만 조건을 올바르게 전한다는 의도를 고려하면 건설적인 자세라고 볼 수 있다. 그리고 듣는 사람도 다음 일을 생각할 수 있다.

자원 이야기를 하다 보니 한 크리에이티브 그룹이 텔레비전 광고 의뢰를 받은 이야기가 떠오른다. 이들은 처음엔 "예산이 1억 엔 정도라면 광고를 하지 않는 쪽이 낫습니다"라고 거절했다. 그러자 클라이언트는 미리 확보한 5억 엔을 모두 쏟아붓는다는 결단을 내렸다. 광고가 전파를 타자 수주가 두 배 이상 껑충 뛸 정도로 큰 성공을 거뒀다고 한다.

05

기한이 촉박해 작업이 어려울 때

시간이 부족합니다.

이 일정이라면 ○○까지가 한계입니다.

일의 기한이 짧다는 이유로 거절할 때는 두 가지 접근법이 있다. 시간이 얼마나 부족한지 알리거나, 주어진 시간 안에서 어디까지 해낼 수 있는지 알리는 것이다. 전자는 "지금 가진 자원으로는 2주 이내에 끝내기 힘들지만 한 달만 주시면 충분히 해낼 수 있습니다"라고 구체적인 기한을 제시하는 방법이다. 이상적인 표현이기는 하지만 인력이나 시간이 얼마나 부족한지 완벽히 파악하고 있어야 한다.

후자는 "이 일정이라면 ○○까지가 한계입니다"라고 일의 결과를 제시하는 방법이다. 일정의 문제를 자세하게 보여주는 동시에 최대한 노력하겠다는 의사가 전해지므로 상대방도 긍정적으로 받아들일 수 있다.

이 방법은 마음이 약해서 남의 부탁을 좀처럼 거절하지 못하는 사람도 부담 없이 쓸 수 있다. 부탁을 거절할 때 자기가 먼저 조건을 제시하는 것이 미안하다면 상황과 의사만이라도 전해보자. 판단은 상대방의 몫으로 남겨두는 것이다. 거절과 조정을 분리하는 방법이다. 그것만으로도 마음이 한결 편해질 것이다.

비즈니스에서 시간은 누구에게나 공평하고 귀중한 자원이다. 어디까지 가능하고 어디까지 불가능한지 그 범위만 뚜렷해져도 검토가 한결 수월해질 것이다.

06
거절할지 말지 고민이 될 때

지금은 결론을 내릴 수 없습니다.

일단 제게 상황을 정리할 시간을 주시면 금방 연락드리겠습니다.

제안이나 안건에 대해 "지금은 결론을 내릴 수 없습니다"라고 말하며 일단 거절하는 방식이 있다. 이는 명확한 표현이기는 하지만 그러면 언제가 괜찮은지 상대방이 꼬치꼬치 캐물을 수 있고, 당신 쪽에서 일방적으로 파기하는 것처럼 보일 수도 있다.

이럴 때는 "현재 상황에 대한 정보가 부족하므로 상황을 정리할 시간을 주시면 금방 연락드리겠습니다"라고 다음 행동을 구체적으로 보여주는 것이 좋다. 다음 단계를 공유하면 상대방은 앞으로 일이 어떻게 진행될지 알 수 있기에 현재 상황에 관한 질문 공세도 크게 줄어든다.

또는 "예산 분배를 다시 정리해야 합니다"라고 구체적인 업무 내용을 공유하면 일의 난이도도 알릴 수 있다. 이후 제안을 거절하게 되더라도 상대방은 마음의 준비를 마쳤을 테고, 정 급하면 예산 분배에 도움 되는 정보를 마련해주는 등 대책을 세울 수 있다.

시간 탓만 하지 말고 다음 행동이나 내가 해야 하는 업무 내용을 제대로 알리자. 지금은 거절하더라도 언젠가 상대방에게 도움을 청하는 날이 올지도 모른다. 장기적인 신뢰 관계를 위해서라도 정보를 공유하는 수고를 들이는 게 좋다.

07

마음에 걸리는 점이 있을 때

이 부분이 문제라고 생각합니다.

제가 알아야 할 문제 요소는 무엇일까요?

아무래도 마음에 걸리는 점이 있어 상대방의 제안을 거절하려는 상황이라고 해보자. 이때 당신이 직접 지적해도 되지만 상대방에게서 문제점을 끌어내는 방법도 있다. 바로 "제가 알고 있어야 할 문제 요소는 무엇일까요?"라는 질문이다. 단순한 업무지만 특별한 작업 공간이 필요하다, 매력적인 서비스지만 대중화에 비용이 많이 든다 같은 문제점은 거절 사유로 충분하지만, 상대방이 먼저 말하게끔 하면 한층 더 거절하기 쉬워진다.

만약 상대방이 당신도 걱정하던 부분을 말하면 "그럴 것 같았어요"라고 공감하면서 거절하는 방향으로 이야기를 끌고 간다. 생각지 못한 부분을 보여주면 당신이 걱정하던 부분과 조합해서 거절하는 이유를 한층 견고하게 만들면 된다. 혹시 아무것도 말하지 않더라도 "이러이러한 점이 위험 요소일까요?"라고 상대방이 눈치채지 못한 포인트를 제시할 수 있으므로 오히려 협상에서 유리해질 수 있다.

"사전 논의 과정에서 반대 의견은 있었나요?", "이 기획과 실행의 난이도는 10단계 중 어느 정도인가요?", "이 안건이 실패한다면 그 원인은 무엇일까요?" 같은 질문도 유용하다. 당신의 걱정거리가 명확하지 않더라도 자연스럽게 상대방과 어두운 미래를 구체화할 수 있기 때문이다. 당신이 거절 이유를 말하기 전에 상대방의 입으로 들을 수 있는 표현 방식이다.

CHAPTER 7
관계를 지키는 지적의 기술

지적의 본래 목적을 상기하라

만약 프로젝트를 진행하다 문제가 발견되거나 다른 부서의 잘못으로 제품에 문제가 생기면 어떻게 하는가? 일을 하다 보면 이렇게 다른 사람에게 지적을 하고, 개선을 요구해야 하는 상황이 종종 생기곤 한다.

하지만 부정적인 의견과 지적은 양날의 검이다. 선을 조금이라도 넘으면 상대방의 의욕을 빼앗고 관계를 망칠 수 있다. 그렇다고 완곡한 표현으로 내용을 겹겹이 감싸면 이번에는 어디를 어떻게 개선해야 하는지 제대로 전해지지 않는다.

지적의 목적은 상대방을 상처 입히는 것도, 실수를 폭로하는 것도 아니다. 비난도, 화풀이도 아니다. 상대방의 행동을 바꿔 모두에게 더 나은 미래로 나아가는 것이다. 따라서 개선에 도움 되는 건설적인 의견을 내놓아야 하며, 행동을 바꾸는 것이 목적인 만큼 상대방의 의욕을 떨어뜨리지 말아야 한다.

일방통행이 아닌 양방향으로 소통하라

경영 분야의 명작으로 손꼽히는 헤럴드 제닌의 《매니징》에 이런 구절이 있다. "사람은 실패에서 배운다. 성공에서 무언가를 배우는 일은 거의 없다." 지적이 필요할 때는 실패했거나 실패를 앞둔 상황이므로 무언가를 배울 기회이기도 하다. 지적하는 사람도 부담과 스트레스를 받겠지만 오히려 이를 기회로 생각해보자.

이때 신경 써야 하는 것은 서로의 성장에 도움이 되느냐, 되지 않느냐다. 부족한 점만 전해서는 타박에 불과하다. 생각의 계기나 새로운 도전을 향한 동기를 끌어내야 제대로 된 피드백이라고 할 수 있다.

일방적으로 쏘아붙이는 대신 양방향으로 소통할 수 있도록 노력해야 한다. 상대방의 의견과 생각을 듣고, 질문을 받거나 끌어내자. 이를 통해 상대방은 더 빨리 깨달음을 얻을 수 있으며 피드백을 수용하는 정도도 높아진다. 그리고 피드백을 더 많이 수용하면 수용할수록 다음 행동을 향한 의욕이 생긴다. 지적하는 사람보다 지적받는 사람이 더 많이 생각하고 말하게 되는 것이 이상적인 피드백이다.

이 파트에서는 피드백 내용을 다듬는 방법뿐만 아니라 상대방의 경계심을 줄이는 말투도 설명하려고 한다. 뭘 말하려는지는 쏙 감추고 "잠깐 시간 돼?" 하면서 불러내면 상대방은 긴장할 수밖에 없다. 양방향 대화와 정반대다. 상대방이 방어 태세에 들어가지 않도록 우호적인 톤으로 접근하는 것이 중요하다.

상대방의 잘못을 직접 지적해야만 하는 경우도 있다. "그렇게 하면 안 돼"같이 직설적으로 말해야 상대방이 자신의 실수를 자각할 때가 있긴 하지만 보통은 분위기만 날카로워진다. 심지어 몇 번을 말하든 그대로일지도 모른다. 이런 상황에서 도움되는, 앞서 설명한 것과 다소 다른 접근법을 소개할 것이다.

01

일의 결과가 기대에 미치지 못할 때

이 자료는 통과되기 어렵겠네요.

이 부분은 제가 조금 개선해볼게요.

함께 일하는 협력 업체가 새 프로젝트 기획안을 정리해서 갖고 온 상황을 상상해보자. 하지만 프로젝트의 완성도가 기대에 미치지 못할 때, 어떻게 이야기하겠는가? "이 기획은 통과되기 어렵겠네요"라고 솔직하게 말하면 시간 낭비 없이 깔끔해 보이기도 한다. 하지만 상대방의 의견과 제안을 모두 부정하는 것처럼 보일 수 있다. 이럴 땐 특히 개선해야 하는 지점을 이야기하며 '나는 당신의 기획안을 존중한다'는 의도를 내비치는 게 중요하다.

즉 통과될 가망이 없다고 말하는 대신 "흥미로운 제안이네요. 예산 분배 문제만 좀 더 고민해볼까요"라고 말하자. 직접 나서서 고치고 싶은 점을 미리 보여주는 것이다. 제안서를 다듬고 싶다거나 고객 사례를 더 모으고 싶다는 등 함께 개선해가자는 뉘앙스가 느껴지는 표현도 유용하다.

내가 경력이 얼마 되지 않았을 때 있었던 일이다. 무작정 기획안을 많이 가져갔지만 하나같이 그저 그래서 회의 분위기가 어색해진 적이 있다. 크리에이티브 디렉터를 맡은 선배는 "이렇게 많이 준비하느라 수고했어. 미안, 방향이 다르다는 걸 미리 말해줬어야 했는데"라고 사과했다. 따지고 보면 모든 기획안이 문제라는 말이지만 그는 이번 실패를 통해 방향성이 잘못되었다는 사실을 팀 전체가 배울 수 있었다고 여기고 건설적으로 표현한 것이다. 간결한 말에서 배려심을 느낄 수 있었다.

02
피드백을
주고 싶을 때

계속 신경 쓰이던 부분인데….

많이 들었을 수도 있지만 제 생각을 말할게요.

피드백에서 중요한 것은 타이밍이다. 일이 다 끝나고 나서 피드백을 받으면 '왜 그때 말해주지 않았지' 하는 생각이 든다. "계속 신경 쓰이던 부분인데요"라고 말했을 때 당신의 '계속'은 며칠이었겠지만 상대방은 당신이 몇 주고 몇 달이고 쭉 참고 있었던 것처럼 느낄지도 모른다.

지적한 부분을 상대방도 자각하고 있다면 그나마 다행이다. 문제는 상대방도 몰랐던 부분을 지적했을 때다. '지금까지 내가 하는 일을 보면서 쭉 이상하다고 생각한 건가?' 하고 과거 일까지 끄집어내며 후회하게 된다. 이래서는 앞으로 나아갈 수 없다.

상대방의 업무 내용에 관해 신경 쓰이는 점이 있다면 "많이 들었을 수도 있지만 제 생각을 말할게요. 일정을 잘 맞춰주세요"라고 운을 떼자. 가능한 한 빨리, 사태가 심각해지기 전에 말이다. 사소한 부분을 지적할 생각이라 서론이 너무 거창하게 느껴진다면 "알아서 잘하고 있겠지만"과 같이 상대방에 대한 믿음을 보여주는 표현을 전제로 삼는 것도 좋다. 그런 뒤 "프레젠테이션을 조금만 더 간추리면 한결 매력적으로 보일 거야"와 같이 구체적인 피드백에 밝은 미래를 곁들이면 상대방이 긍정적으로 받아들일 수 있다.

03
프로젝트를 중간에 수정해야 할 때

처음부터 다시 생각해봅시다.

우리는 무엇을 위해 이 프로젝트를 시작했죠?

보고서를 쓰든 프로젝트를 진행하든 중간에 걸리는 부분 때문에 다시 처음으로 돌아가서 전체를 수정해야 할 때도 있다. 이때 "처음부터 다시 생각해주세요"라고 말하면 지금까지 밟아온 과정을 깡그리 부정하는 것처럼 들릴 수 있다. 더 큰 문제는 마치 남 일 이야기하는 것처럼 느껴질 수 있다는 점이다. 이대로는 안 된다는 생각에 강하게 말하고 싶을 수도 있다. 하지만 당신에게도 일부 책임이 있다는 사실을 간과해서는 안 된다.

"처음으로 돌아가서 다시 생각하자"라느니, "제로 베이스에서 시작해보자"라느니, "전부 없었던 일로"라느니 하는 표현은 모두 남에게 책임을 떠넘기는 느낌이다. 반면 질문 형식으로 접근하면 상대방은 물론이고 당신도 원점으로 되돌아가서 다시 한번 전체상을 검토할 수 있다.

제품 개발 프로젝트를 진행하다가 방향을 잃은 것 같다면 "우리가 무엇을 위해 이 프로젝트를 시작했죠?"라고 물어보자. 상대방은 프로젝트의 목적을 재확인할 수 있고, 당신은 당신대로 팀의 구성원으로서 생각을 재정립할 수 있다. 과제가 명확하다면 "원래는 이런 소비층을 공략하기 위해 시작한 프로젝트였죠? 지금 이 상태로 타깃을 만족시킬 수 있을지, 다른 방안은 없을지 이야기 나눠봅시다" 하고 재정비에 나서는 것도 좋은 방법이다.

04 좌절을 겪은 상대가 더 노력하길 바랄 때

너는 분하지도 않아?

목표를 정하자.

딱히 나쁜 말은 아니지만, 호감을 깎아내리는 말투가 있다. 예로, "분하지도 않아?" 같은 다른 사람의 감정을 단정 짓는 말투다. "보통은 이런 상황에서 화를 내는데 너는 왜 가만히 있어?"라는 식으로 상대방의 감정을 멋대로 단정하는 것이다. 이런 말을 듣고 의욕이 불타오르는 사람도 있겠지만 "네, 분하네요" 말고 다른 대답을 인정하지 않는 압박감을 성가시게 여기는 사람이 더 많지 않을까.

다른 사람이 더 노력하기를 바랄 때 당신과 상대방의 경계선에 균열이 생긴다. '좋다'와 '나쁘다'를 가르는 경계선이 어긋나는 것이다. 당신은 더 노력할 수 있다고 생각하더라도 상대방은 이미 한계에 다다랐을지 모른다. 따라서 지금 당신이 해야 하는 일은 상대방의 의욕을 부추기는 것이 아니라 두 사람의 경계선을 맞춰나가는 것이다.

"한번 목표를 정해보자"라는 말로 포문을 연 다음 어떤 목표를 달성하는 것이 서로에게 중요한지 대화로 풀어내자. '목표'라고 하면 중장기적인 이미지가 있으므로 좀 더 단기적인 과제에 관해 이야기하고 싶다면 "앞으로 어떻게 하면 좋을까?"라고 하면서 바로 다음 행동을 주제로 삼으면 된다. 당신과 상대방의 구체적인 목표를 공유해 어긋난 경계선을 맞추도록 하자.

05
상대의 잘못된 대처를 지적할 때

이번 대응은 별로였어요.

다음번을 기대할게요.

일을 하다 보면 거리낌 없는 충고가 필요할 때도 있다. 남의 비위를 맞추느라 듣기 좋은 말만 해서는 일이 잘 진행되지 않는다. 하지만 "이번 대응은 별로였어요"처럼 단도직입적인 지적은 부정적인 인상부터 줄 수 있다. 당사자도 자신의 잘못을 알고 있다면 더욱더 마음이 불편해진다. 이럴 땐 "이렇게 했으면 더 좋았을 것 같아요"라는 느낌으로 "다음번을 기대할게요"라고 말해보자. 아직 다음 기회가 남아 있다는 사실부터 전하기를 추천한다.

예를 들어 고객에 대한 응대가 적절하지 않았다면 "다음번에는 고객에게 좀 더 빨리 대응하면 좋을 것 같아요"라고 말한다. 이번 실패를 밑거름 삼아 다음에는 목표를 달성하기를 바란다는 당신의 기대를 먼저 전하는 것이다. 정답이 보이지 않는 데서 나오는 불안은 매우 크다. 이런 접근법은 당신이 상대방에게 거는 기대를 명확하게 보여주는 동시에 과거의 실수를 뛰어넘을 기회를 제공한다.

참고로 "다음번에는 더 노력해주세요"만으로는 부족하다. 무엇이 잘못되었고, 무엇을 개선해야 하는지 모르는 상태에서는 한 치 앞도 보이지 않는 불안만 쌓이기 때문이다.

06
모두와 다른 의견을
내고 싶을 때

다른 의견이 있는데요.

관점이 조금 다른 의견도 괜찮을까요?

회의에 참여한 다른 사람들은 모두 찬성하는 상황에서 당신 혼자 다른 생각을 갖고 있다고 해보자. 그럴 때 망설임 없이 손을 들고 말할 수 있는 사람은 곧바로 책장을 넘겨도 좋다. 하지만 자신의 의견을 억누르는 사람이라면 좀 더 읽기를 바란다. 이런 사람들은 "다른 의견이 있는데요"라고 직설적으로 말하는 것 자체가 긴장되는 일일지도 모른다. 그럴 때는 "관점이 조금 다른 의견도 괜찮을까요?"라고 제안해보자. "혹시 저만 신경 쓰이나요?"라는 말로 화두를 던지는 사람도 있지만, 자칫하면 상대방에게 예민한 사람이라는 오해를 줄 수 있으며 편안한 관계를 쌓는 데도 도움이 되지 않는다.

"조금 다른 방식으로 접근해봤는데요. 어떻게 생각하세요?"라고 말해서 논의의 방향성을 바꿀 수 있다. 만약 다양한 각도에서 검토하기 귀찮다는 이유로 당신의 말을 귀담아듣지 않는 분위기라면 그때야말로 주의가 필요하다. 그때는 마음에 걸리는 부분을 다시 한번 제대로 공론화해야 한다.

가설을 제시하는 방법도 있다. 가령 프로젝트 진행에 대해 논의한다면 "협력사인 A사가 이번 프로젝트에 참여하지 않으면 어떻게 하죠?"라고 만약의 사태를 설정하는 것이다. 지금까지 진행된 논의의 방향성을 바꿀 수 있고, 위험 요소 같은 부정적인 측면에 대한 의논을 시작하기도 쉬워진다.

07
말하기 껄끄러운 사실을 말해야 할 때

그건 좀 아닌 것 같은데요.

보다 뾰족한 기획을 위해 제가 반대 의견을 말해볼게요.

회의를 하다 보면 "그건 좀 아닌 것 같은데요"라고 말해야 하는 상황과 자주 맞닥뜨린다. 상대방이 손윗사람이라면 좀처럼 입이 떨어지지 않는다. 이런 껄끄러운 사실을 이야기하는 것은 상대방의 생각을 부정하는 말이다 보니 상대방이 방어적으로 나올 수 있다. 그리고 잘못하면 다른 사람 눈에 당신은 '까칠하고 부정적인 사람'으로 비춰질 수 있다. 이럴 때는 "보다 뾰족한 기획을 위해 제가 반대 의견을 말해볼게요"라고 서두를 떼면 좋다.

프레젠테이션 자료를 검토하는 자리에서는 "구성이 이상한데요"라고 말하는 대신 "프레젠테이션의 전달력을 높이기 위해 조금 다르게 생각해봤는데요"라는 표현으로 운을 띄우자. 업계에 대해 잘 모르는 사람에게 설명하는 상황을 설정해봤다는 등 전제가 바뀌면 논의도 바뀐다. 이제 당신의 의견은 더 이상 소수파가 아니다.

선뜻 말하기 힘든 의견을 내야 할수록 그 끝에 있는 밝은 미래를 언급하면 많은 사람이 당신의 의견에 귀를 기울일 것이다.

08 상대방이 구체적으로 말해주었으면 할 때

좀 더 구체적으로 지시해주세요.

예를 들면 이런 식으로 말이죠?

"좀 더 구체적으로 지시해주세요"나 "구체적으로 어떤 점이 마음에 걸리세요?"라는 표현은 우리가 종종 사용하는 것이다. 그러나 이 질문도 주의가 필요하다. 횟수에 제한이 있기 때문이다.

이런 질문은 다소 수동적인 뉘앙스를 품고 있으므로 너무 자주 사용하면 상대방의 머릿속에 '슬슬 스스로 생각할 때도 되지 않았나?'라는 생각이 들 수 있기 때문이다. 자신의 의도를 파악하지 못한다는 생각에 당신의 말과 행동을 더 세세하게 볼지도 모른다.

현명한 사람은 다양한 방법으로 구체적인 지시를 끌어낸다. "이 부분이 문제인가요?"라며 가설을 먼저 보여주고 개선점을 논의해보자. 혹은 "이런 사례가 가까운가요?"라며 참고할 만한 사례를 보여주면서 판단 기준을 맞추고, "이런 각도에서 분석해볼까요?"라며 다양한 방안을 제안하는 것도 좋다.

상대방의 지시만 기다리지 말고 당신이 먼저 대화의 방향을 추측해서 보여주는 것이 중요하다. 추상적인 지시를 구체적인 행동으로 변환하는 것이다. 그러다 보면 "참신한 발상인데?", "도전해보자!" 하고 상대방의 의욕에 불을 붙이는 뜻밖의 진전이 이뤄지기도 한다.

CHAPTER 8

감정 상하지 않게 피드백하는 기술

감정적인 꾸중은 백해무익할 뿐

사람은 자기도 모르게 같은 실수를 되풀이하거나 안일하게 대처하는 등 스스로 생각과 행동의 습관에서 빠져나오기가 어려운 존재다. 이는 다른 사람의 지적을 통해 조금씩 교정될 수 있는데, 자신에게 무엇이 부족하고 어떻게 고쳐야 할지 그 실마리가 되는 것이 바로 피드백이다.

한편 '꾸중'에는 아무 장점이 없다. 부정적인 영향만 있다고 해도 좋다. 예를 들면 다음과 같다.

- 의욕 저하: 변화보다 회피를 우선한다.
- 자신감 상실: 자주 혼이 날수록 자신감이 낮아진다.
- 방어적인 태도 강화: 적극적으로 나서지 못하고 대화와 개선이 지지부진해진다.
- 스트레스 증가: 당사자는 물론이고 그 자리에 있던 제3자에게도 스트레스를 준다.

- 신뢰 관계 와해: 서로에 대한 믿음이 약해지고 힘을 합치기 힘들어진다.
- 창조성 억제: 실패가 두려워 새로운 일에 도전하지 못한다.
- 행동의 일시적 개선: 일시적으로는 효과가 있지만 금방 원래대로 돌아간다.

이렇게 보면 꾸중의 목적은 개선과 변화가 아니라 단순히 꾸중하는 사람의 감정적인 해소라고 볼 수 있다. 상대방을 보며 '왜 이 정도도 못 하는 거야'라는 생각이 턱 끝까지 차오를 때마다, 꾸중으로 이렇게나 많은 것을 잃을 수 있다는 사실을 되새기자. 커뮤니케이션에 솔직한 감정을 담는 것은 중요하지만 감정에 휘둘려서는 안 된다. 얼핏 꾸중은 배움에 필요한 피드백처럼 보인다. 하지만 상대방이 다음 행동에 나설 수 없게 만든다는 점에서 손해 보는 표현 방식이라고 할 수 있다.

그러니 정 화가 날 때는 감정을 표명하는 선에서 그치자. 지금 내 감정이 어떤지 알리는 것이다. 상대방의 실수로 일정이 크게 어그러졌다면 "저는 지금 매우 아쉽습니다"라고 당신의 감정을 전하는 선에서 멈추는 식이다. 이럴 때 "대체 무슨 짓을 저질렀는지 알기는 해요?"라고 혼내봐야 상황은 나빠질 뿐이다.

피드백이란 '나쁜 점'이 아닌 '부족한 점'을 지적하는 것

 피드백이라고 하면 나쁜 점을 콕 집어서 지적한다는 이미지가 있다. 하지만 피드백은 지적이 아니라 개선이 목표다. 따라서 목표로 하는 밝은 미래를 상대방과 공유하고 그곳으로 향하는 동기를 부여하는 일이 전제되어야 한다.
 또한 피드백을 줄 때는 밝은 미래와 그곳으로 향하기 위해 필요한 퍼즐 조각, 즉 개선점을 함께 전하자. 단순히 상대방의 결점만 지적하는 것은 주의가 아니라 불평불만을 쏟아내는 데 지나지 않는다.

01
부족한 점을 지적할 때

좀 더 신경 써주세요.

다음부터는 이렇게 하면 더 좋아질 거예요.

"어딘가 부족하다"라는 말만 듣고 적극적으로 노력하는 사람은 별로 없다. 구체적으로 무엇을 어떻게 고쳐야 할지 모호하기 때문이다. 주의를 줄 때는 밝은 미래와 더불어 개선해야 할 점을 전해야 한다. "다음부터는 이렇게 하면 더 좋아질 거예요"라고 하면 구체적인 조언과 행동 지침을 전하면 된다.

마찬가지로 "회의 진행에 신경 써주세요"라고 말해봐야 별 의미가 없다. "좀 더 빠릿빠릿하게 할 수 없나요?" 같은 말도 사람에 따라 '빠릿빠릿'의 기준이 다르므로 서로 오해할 수 있는 표현이다. 과제가 무엇이고, 개선하면 어떻게 되는지를 자세하게 전해야 한다. "회의에서 시간을 어떻게 분배할지 미리 정리해두면 논의 자체에 집중할 수 있어요"라고 개선 방안을 제시하면 상대방은 자신이 무엇을 어떻게 해야 하는지 명확하게 이해할 수 있다.

애매모호한 피드백은 상대방을 혼란스럽게 만들 뿐 아니라 개선에도 도움이 되지 않는다. 당신의 의도를 파악하는 수고를 따로 들여야 하기 때문이다. 반면 알기 쉬운 피드백은 상대방의 의욕을 높이는 효과가 있다. 구체적인 지시를 받으면 앞으로 무슨 행동을 해야 하는지 훤히 보인다. 과제가 명확해지는 것이다.

02

상대가 일을 완수하지 못했을 때

아니, 이걸 왜 못 해?

할 수 있는 방법을 같이 생각해봅시다.

"이걸 왜 못 해?" 이런 표현은 아마도 감정이 북받친 나머지 나도 모르게 나온 말일 것이다. 하지만 따지는 듯한 말투에다가 의문형이기까지, 가시가 돋쳐도 너무 돋쳤다. 상대방의 마음이 닫히고 의욕이 사라지는 것도 당연하다. 이럴 때는 감정에 휩쓸리는 대신 "할 수 있는 방법을 같이 생각해보자"라고 말하면 된다.

프로젝트 진행이 뒤처지는 팀원에게 "왜 일정을 못 맞추는 거야?"라고 해봐야 팀원이 의욕이 생길 리 없다. 지금 상황을 개선하기 위해 나 역시 힘을 보태고 싶다고 제안해야 한다. 더 구체적으로 "이 업무를 어떻게 하면 효율화할 수 있을지 함께 생각해보자"와 같이 표현해도 좋다.

먼저 손을 내미는 일은 다른 사람을 움직이는 원동력이 된다. 공감하는 자세로 다가가면 신뢰 관계가 깊어지고 협력을 위한 발판이 생긴다. 그런 면에서 "할 수 있는 방법을 같이 생각해보자"라는 표현은 공감과 협력으로 나아가는 접근법이라 할 수 있다.

하나 더 중요한 것은 상대방의 자기효능감을 높이는 것이다. 자기효능감이란 자신의 능력으로 목표를 이룰 수 있다는 믿음을 가리킨다. 내가 먼저 협조적인 자세를 보여주면 상대방은 다른 사람의 도움을 받으며 목표를 이뤄나갈 수도 있다는 생각의 전환을 하고 안도감을 느끼게 된다.

03
반복되는 실수를 지적할 때

또 같은 실수를 했잖아.

저번이랑 비교했을 때 이번에는 무엇에 변화를 줬나요?

자기도 모르게 같은 실수를 되풀이하는 사람에게 모질게 말해봐야 일을 하려는 의욕만 빼앗을 뿐이다. 최근 심리적 안전감이라는 용어가 주목받고 있다. 실패에 대한 두려움 없이 시도를 할 수 있는 문화다. 따라서 같은 실수를 반복했을 때야말로 비난보다는 긍정적인 피드백을 주어야 한다.

만약 동료가 보고서를 작성하다가 이전에 실수한 적 있는 잘못을 되풀이했다면 "저번이랑 비교했을 때 이번 집계 과정에서는 무엇에 변화를 줬나요?"라고 물어보자. 되돌아볼 기회를 주는 것이다. 상대방은 자신의 행동을 돌이켜보고 어느 부분이 나아졌는지, 어느 부분에 아직 개선의 여지가 있는지 생각하게 된다. 지난번과 그다지 달라지지 않았다는 사실을 알아차릴지도 모른다. 당신에게는 구체적인 개선점을 알아낼 수 있는 소규모 청문회이기도 한 셈이다.

'실패는 성공의 어머니다', '칠전팔기', '전화위복' 등 이런 말이 시대를 뛰어넘어 널리 쓰이는 것은 그만큼 실패를 밑거름 삼아 성공하는 일이 쉽지 않기 때문이다. 분노에 휩쓸려 모질게 지적하지 말고 실패를 성장의 계기로 바꾸도록 긍정적인 말투를 마음에 새겨보자.

04 일이 상대방의 역량을 벗어났을 때

당신에게 이 일은 이른 것 같네요.

높은 목표니까 할 일을 먼저 정리해봅시다.

일본의 대표적인 식품 기업 산토리의 오랜 가치관 중 하나로 '일단 해보라'가 있다. 이는 창업주인 도리이 신지로가 한 말로, 그룹 이념에서는 이렇게 소개한다. '실패를 두려워하지 않고 새로운 가치 창조를 목표로 끊임없이 도전하는 정신.'

'일단 해보라'가 도전하는 사람의 등을 밀어주는 말이라면 "당신에게 이 일은 이른 것 같다"는 의욕을 꺾는 말이다. 물론 도전만이 능사는 아니지만 도전하려는 의욕 자체를 부정해서는 안 된다. 필요한 것은 리프레이밍(reframing)이다. '능력이 부족한 것'이 아니라 '대책이 부족한 것'이라고 관점을 바꾸는 것이다. 상대방의 능력이 아니라 대응 방법이 과제라고 프레이밍을 재설정하면 상대방의 의욕을 해치지 않으면서 구체적인 개선점을 논의할 수 있다.

새로운 프로젝트에 도전해보고 싶다는 동료에게 "○○ 씨에게는 아직 이른 것 같아" 같은 부정적인 피드백은 피하자. "그 분야에서 경쟁사와 차별화하는 것은 높은 목표니까 우선 시장 조사부터 제대로 해보는 건 어때?"와 같이 조언하고 다음 단계로 나아가는 것이 좋다.

05 실수가 잦은 상대방에게 조언할 때

대체 왜 그러는 거예요?

평소 ○○ 씨랑 다르네요.

"대체 왜 그러는 거예요?" 이 표현은 내용만 보면 상대방이 행동한 이유와 동기를 묻는 '질문'이다. 자연스러운 지적 같지만 듣는 사람에게는 질책처럼 느껴질 수 있다. '왜 그런 것도 몰라'라며 깔보는 듯한 뉘앙스가 느껴지기 때문이다. 지각처럼 사유를 알아야 하는 상황이라면 모를까, 실수라면 이유를 들어봐야 피드백에 별 도움이 되지 않는다.

상대방을 타이르려는 의도라면 빙 돌려서 이유를 묻는 대신 "평소 OO 씨랑 다르네요"라는 말로 운을 띄워보자. 우선 상대방의 평소 행동과 성과를 인정한다. 그런 다음 지금 행동에 의문을 느끼고 있다는 사실을 전하는 것이다. 이때는 비아냥처럼 들리지 않도록 조심해야 한다. "평소 OO 씨답지 않네요. 자료 조사라도 도와줄까요?"라면서 도움의 손길을 내밀어도 좋고, "혹시 다른 업무가 너무 바빠서 시간이 나지 않나요?" 하면서 어떤 난관이 있는지 물어봐도 좋다.

대뜸 비난하는 대신 상대방이 평소 보여주는 좋은 면부터 상기해보자. 그렇게 하면 상대방도 실수한 배경이나 자신이 처한 상황에 관해 자연스레 이야기할 것이다. 질책보다는 개선과 변화로 나아가는 분위기를 조성할 수 있도록 먼저 나서서 완충재 같은 표현을 제시해보자.

06
부정적인 피드백을 전할 때

열심히 하고는 있는데….

다음번에는 이쪽에 집중해봅시다.

"열심히 하고는 있는데…." 이렇게 말문을 떼면 언뜻 상대방의 노력을 인정하는 것같이 보이지만 뒤에 나오는 부정적 내용이 강조된다. 우리말은 문장을 끝까지 듣기 전에는 긍정인지 부정인지 알기 어려운 구조다. "제안해주신 내용을 바탕으로 사내에서 검토를 거듭해 신중하게 논의한 끝에 채택하기 힘들다는 결론을 내리게 되었습니다" 같은 문장을 보면 알 수 있듯이 마지막의 마지막까지 긍정인지 부정인지 알 수 없다. 그래서 우리는 접속사에 민감하다. 만일 이 문장이 "제안해주신 내용을 확인했습니다만"이라는 문구로 시작한다면 나쁜 결과가 기다릴 것이라는 느낌이 든다. 하지만, 그렇지만, 그런데, 그러나 같은 역접 접속사는 길이는 짧아도 작지 않은 파괴력을 자랑한다.

자료를 정리해서 넘겨준 팀원에게 "잘하기는 했는데"라는 말로 운을 띄우면 상대방의 머릿속에는 '잘했다'라는 긍정적인 부분은 전혀 남지 않는다. 기껏 노력했는데 알아주지 않는다고 생각하거나, 심지어는 당신이 보고서 전부를 탐탁지 않게 여긴다고 받아들일 것이다. 역접 접속사는 꼭 써야 하는 경우가 아니라면 쓰지 말자. "짧은 시간에 이만큼이나 해내다니 대단한데요! 논점이 많으니까 과거 사례와의 비교도 추가해봅시다"라는 식으로 슬그머니 피드백으로 넘어가자.

07
디테일이 부족한 상대방을 타이를 때

주의력이 부족하네요.

숫자는 두 번씩 확인해주세요.

누군가를 타이를 때는 어떻게 행동해야 하는지 구체적으로 알려주자. 그 사람의 부족한 점이 아니라 앞으로 해야 할 행동을 짚어주는 것이다. 주의력, 집중력, 노력, 기술처럼 하루 이틀 만에 익힐 수 없는 것을 지적하면 상대방은 지금까지 노력해온 시간들을 나날을 깡그리 무시당했다고 느낄 수 있다.

　보고서를 쓸 때 실수가 잦은 직원이 있다면 "다음부터 숫자는 두 번씩 확인해주면 좋겠습니다"라고 말해보자. 이렇게 구체적인 행동을 제시하면 상대방의 내면에 기준이 만들어진다. 기준이 바뀌면 행동이 바뀌고, 행동이 바뀌면 결과물이 바뀐다. 두 사람 사이에서 통하는 새로운 규칙을 설정하는 것이다.

　카피라이터의 세계에서는 회의를 할 때 카피 100개를 가져가야 한다는 관습이 있다. 100개라는 숫자를 채우는 게 중요한 게 아니다. 100개가 나올 만큼 고민해야 좋은 아이디어가 나온다는 뜻이다. 관계에서의 규칙도 마찬가지다. 어떻게 말해야 상대가 바뀌고 결과가 바뀔지 많은 고민이 필요하다.

　추상적인 주의를 구체적인 지시로 바꾸기만 해도 표현은 훨씬 강력해진다. "숫자는 두 번 확인합시다", "요점은 A4 용지 두 장 이내로", "회의 전 회의록에 안건을 미리 써둡시다"와 같이 행동 지침을 제시하면 착각할 일도 없다.

08
실패의 원인을 알려줄 때

여기가 실패의 원인입니다.

이렇게 하면 더 좋았을 텐데, 하는 점은 없나요?

일할 때는 상대에게 답이 무엇이라고 주입하기보다는 답을 끌어내는 것이 더 바람직하다. 즉 일방적인 평가보다 함께 개선해나가려는 자세가 필요하다. 물론 "실패의 원인은 이것이네요"라고 잘라 말하면 프로젝트는 금방 다음 단계로 나아갈 것이다. 하지만 상대방은 어떨까? 또다시 같은 상황을 맞닥뜨렸을 때 당신 없이도 원인을 파악할 수 있을까?

우선 눈앞에 있는 상대방이 스스로 돌아볼 수 있는 환경을 만들어보자. 물론 건설적인 질문을 통해서 말이다. 상대방이 자신의 행동을 돌이켜보고 구체적인 개선점을 발견할 수 있도록 함께 검토해나가는 것이다. 중요한 제안서 준비가 생각만큼 진행되지 않았다면 "어떤 부분이 특히 어려웠나요?"라고 물어보자. "다음번에는 무엇을 개선하면 좋을까요?"라고 묻는 것도 좋다.

피드백은 일방적인 통보가 아니라 캐치볼이어야 한다. 아마존뿐만 아니라 라인야후에서도 동료 직원과 일대일로 대화하는 원 온 원(1 on 1) 시간이 있다. 이때는 지시보다 대화가 중시된다. 양방향 대화를 통해 상황을 정리하고 구체적인 개선점을 발견하는 것이다. 이런 과정을 통해 스스로 개선점을 발견할 수 있게 되면 다음부터는 도움 없이도 문제를 해결할 것이다.

09

상대방에게
주의해달라고 말할 때

이런 점은
주의해주세요.

내일은 아침 일찍
일어나야 해서요.
사정이 있으니
부탁드려요.

우리는 대부분 교통사고 뉴스에 나도 모르게 눈썹을 찌푸린다. 연애 리얼리티 프로그램을 보면 마음에 드는 두 사람이 이어지기를 응원한다. 이렇듯 우리에게는 공감이라는 스위치가 있다. 그 스위치가 눌리면 타인의 행동이 내게 영향을 미치기 시작한다. 듣기 거슬릴 만한 주의를 줄 때는 바로 이 공감을 활용해보길 추천한다. 어떻게 하면 상대방이 내게 공감할 수 있을지 고민해보는 것이다.

예를 들어 밤늦게까지 떠드는 이웃 사람에게 주의를 주기란 영 껄끄럽다. 이럴 때는 "제가 내일 아침 일찍부터 일이 있어서요. 밤에는 조금만 조용히 해주시면 감사하겠습니다"라고 말해보자. 사정을 있는 그대로 털어놓으면 상대방도 당신이 처한 상황을 금방 이해할 수 있고, 비슷한 경험이 있다면 단번에 공감의 스위치가 눌릴 것이다.

핵심은 미래를 보여주는 것이다. 원래는 밝은 미래가 기다리고 있었는데 이대로 하면 어두운 미래가 닥쳐온다고 상상하도록 말이다. 이런 앞날을 알고 나면 지금 행동이 미치는 영향을 재평가하게 된다. 운동을 싫어하는 상대방에게 그냥 "운동해야지"라고 말하면 별 효과가 없다. 하지만 "운동하지 않으면 가족과 친구에게 이러이러한 영향을 끼칠 거야"라고 말하면 상대방이 상황을 재인식하는 계기가 된다.

CHAPTER 9
의도를 정확하게 전하는 보고의 기술

보고, 연락, 상담의 세 가지 목적

보고(報告)·연락(連絡)·상담(相談). 일본에서는 이 세 가지를 묶어 '호렌소(報連相, 각 단어의 첫 글자를 합친 것으로 시금치를 뜻하는 일본어 발음이 같다-옮긴이)'라고 부른다. 이 단어는 1982년 야마타네증권(현 SMBC닛코증권) 사장이었던 야마자키 도미지가 제창한 개념이다. 사원 수가 1,000명을 넘은 것을 계기로 야마자키는 어떻게 하면 기업 문화를 더 진화시킬 수 있을까 고민한 끝에 보고·연락·상담의 중요성을 강조하기 시작했다. 40년 넘는 역사를 자랑하는 줄임말이다.

이처럼 기업에서 중요하게 여겨지는 보고·연락·상담은 무엇보다 그 목적을 잊어서는 안 된다. 무엇을 위해 보고하고 연락하고 상담하는지 목적을 명확히 하지 않으면 생각만큼 결과가 나오지 않는다. 조언을 구하려는 의도였는데 상대방은 단순한 연락이라고 받아들이는 오해가 발생하기 때문이다. 목적에는 크게 세 가지가 있다.

① 의사결정: 논의를 통해 앞으로 어떻게 진행할지 정한다.
② 정보 공유: 상대방이 알고 있는 정보를 공유해주기를 바란다.
③ 피드백: 상대방의 조언을 통해 더 나은 방법을 찾는다.

지금 당신에게 필요한 것은 이 중 무엇인가? 우선 마음속으로 확실히 정해두자. 보고·연락·상담은 '보고'로 시작하다 보니 상사가 그 대상이라고 생각하기 쉽다. 하지만 실제로는 동료 직원부터 부하 직원, 관련 부서 직원, 거래처 관계자 등 누구든 대상이 될 수 있다.

보고도 상담도 목적이 중요하다

광고계에서는 '재미의 반대말은 지루함이 아니라 이해할 수 없음'이라고 말을 한다. 어떤 광고를 보거나 이야기를 듣고 '무슨 말이지?' 하고 머릿속에 물음표가 떠오르면 사람의 마음은 어디로도 움직이기 힘들어진다. 이런 관점은 내 쪽에서 정보를 전달하는 보고와 상담에서 무척이나 중요하다.

말을 듣는 사람이 '모르겠다'라고 할 때는 문제의 배경을 모르겠다거나, 왜 고민하는지 모르겠다거나, 정보가 너무 많아서 핵심을 모르겠다는 등 여러 가지가 있지만 그중에서도 최악은 무엇을 하고 싶은지 모르겠다는 것이다. 상대방이 모르겠다고 생각하는 순간 이야기는 세 가지 목적에서 멀어진다. 세 가지 목적 중 무엇이 필요한지 이야기의 첫머리에서 제대로 알리자. 예를 들면 "오늘은 예산 분배에 관한 피드백을 요청하려고 합니다. 피드백에 참고하실 수 있도록 현재 시점의 견적서를 먼저 공유하겠습니다"라고 말하는 식이다.

상대방의 대응 방식을 당신이 지정한다고 생각하면 된다. 정보를 공유하기 위한 자리니까 가만히 듣고 있으면 되는지, 의사결정이 필요한지에 따라 대응 방식이 달라진다. 양쪽의 인식을 가지런히 맞추고 시작하면 이야기가 한결 매끄럽게 흘러간다.

'작은 준비'가 성공의 발판이 된다

프레젠테이션 서두에 지난 논의의 요점을 정리하거나 전

체 자료 중 변경된 부분만 발췌해서 이미지 형태로 첨부하고 중요한 부분은 굵은 글씨나 다른 색깔로 강조하는 등의 수고가 특히 효과를 발휘하는 영역이 보고와 상담이다.

당신이 의사결정이나 피드백을 요청하는 상대방은 그 일 말고도 다양한 프로젝트를 진행하고 있을 것이다. 따라서 당신이 아니더라도 여기저기서 보고며 상담 요청이 매일 산더미처럼 들어올 것이다. 이때 당신이 한발 앞서서 일부 작업을 끝내두면 어떨까. 다시 말해 '사전 준비'를 미리 하는 것이다. 그렇게 하면 상대방에게는 검토에 집중할 수 있는 시간과 여유가 생긴다. 결과적으로 업무 진행이 순조로워지고 당신이 목적을 달성할 시점도 가까워진다.

매번 그렇게까지 하기는 귀찮을지 모른다. 하지만 결론이 나오지 않아 다음 주고 다다음 주고 일이 늘어지거나 검토할 시간이 부족해 최선책을 끌어내지 못할 위험에 비하면 고생도 아니다.

사전 준비를 할 때는 어느 정도 정리가 된 시점에서 한번 전체적으로 꼼꼼하게 되짚어보는 것이 좋다. 지난번에 보고한 내용을 상대방이 완전히 잊어버렸을지도 모른다. 또는 자료의 양이 너무 많아 정작 중요한 부분에 시간을 들이지 못할지도 모른다. 다른 업무로 바빠서 당신이 부탁한 일은 뒷전으로 밀려났을지도 모르고, 검토하는 데 필요한 정보가 다소 모자랄지도 모른다. 이런 상황을 생각하며 다음에 따라 검토를 해보자.

① 의사결정을 요청하는 상황
- 프로젝트의 목표는 무엇인가?
- 현재 어떤 선택지가 있는가?
- 각 선택지의 장단점은 무엇인가?
- 예상되는 위험 요소는 무엇인가?
- 언제까지 결정을 내려야 하는가?
- 결정하는 데 있어 고려해야 하는 정보는 무엇인가?
- 결정을 내리고 나면 취소할 수 있는가? 취소할 수 없다면 그 이유는 무엇인가?
- 그전까지 논의가 어떻게 진행되었는가?
- 앞서 검토한 팀에서 추천하는 선택지는 무엇인가? 그 근거는 무엇인가?

② 정보 공유를 요청하는 상황

- 특히 중요한 정보는 무엇인가?
- 정보의 시점은 언제인가?
- 정보의 출처, 조사 방법, 조사 규모는 어떤가?
- 정보를 통해 어떤 시사점과 가설을 얻을 수 있는가?
- 정보를 어디에 활용할 예정인가?
- 비교할 만한 다른 정보가 있는가?
- 앞으로 다른 정보가 추가되는가?
- 정보의 전제와 내용이 바뀔 가능성이 있는가?
- 정보의 단위와 분류가 통일되어 있는가?

③ 피드백을 요청하는 상황

- 프로젝트의 목적은 무엇인가?
- 구체적으로 무엇에 대한 피드백이 필요한가?
- 고민거리는 무엇인가?
- 담당자의 의도는 무엇인가?
- 어떤 시행착오를 겪었는가?
- 얼마나 꼼꼼한 피드백이 필요한가?
- 다시 피드백을 받을 수 있는 시간적 여유가 있는가?

- 향후 행동 계획은 무엇인가?
- 다른 사람에게서도 피드백을 받았는가?

이런 부분을 고민하다보면 목표, 목적이 보다 분명해질 것이다.

01

회의를
요청할 때

잠시 시간 좀 내주실래요?

○○ 씨의 조언을 듣고 싶어요.

프로젝트와 관련된 일이든 개인 커리어에 관한 일이든 회사 생활에서는 회의(원온원 미팅 등)를 하게 된다. 회의가 필요할 때는 돌려 말하지 말고, 조언을 듣기 위해 상담하고 싶다고 말해보자. 그러면 상대방은 당신의 의도를 단번에 파악할 것이다. 구체적으로 부탁하면 상대방도 당신의 요구 사항을 곧바로 이해할 수 있으므로 판단을 내리기 쉬워진다.

구체적인 사례를 들어보자. 프로젝트를 추진하다가 문제가 생겼을 때 "잠시 시간을 내주실 수 있을까요?"라고만 부탁하면 상대방은 의사결정이 필요한지, 피드백이 필요한지 목적을 알 수 없으므로 순간 긴장한다. 심각한 상황은 아닌지 상상의 나래를 펼치기도 한다. 반면 "이 자료에 대해 OO 씨의 조언을 듣고 싶습니다"라고 말하면 회의의 목적을 금방 공유할 수 있다. 꼭 회의가 아니더라도 결재를 받아야 한다거나, 결정이 필요하다거나, 단순히 정보를 공유하고 싶다 등 목적을 먼저 알리는 것이 좋다.

때로는 선뜻 물어보기 힘든 상황도 있을 것이다. 그럴 때는 미래를 곁들이면 된다. "기획의 실현 가능성 문제를 해결하지 못하면 이번 프로젝트를 경쟁사에 뺏길지도 모릅니다"라는 식으로 배경을 공유하면 얼마나 급한 상황인지 전해지고 상대방의 빠른 피드백을 받을 수 있는 계기가 될 것이다.

02
상대방에게 부담 없이 요청하라고 말할 때

문제가 생기면 말해주세요.

고민될 때는 곧바로 말해주세요.

행동을 습관화하는 요령 중에 'if-then' 기법이 있다. 아침에 일어나면 영어 단어 외우기 앱을 여는 식으로 조건에 따른 행동을 정하는 것이다. 이는 상대방이 어떤 행동을 해주기를 바랄 때도 유용하다. 상대방이 상담을 요청해오거나 보고해주기를 바란다면 이 'if-then'을 어떻게 설정하느냐가 열쇠다.

그런데 여기서 "문제가 생기면" 같은 말을 쓰면 상대방이 문제가 심각해지고 나서야 찾아올 위험이 있다. 상담은 문제가 심각해지기 전에 해야 한다. 언제든 부담 없이 상담을 요청할 수 있도록 "고민될 때는 곧바로 말해주세요"라고 말하자. "자료가 완성되면 보여주세요" 대신 "구성이 나오면 항목별로 짧게 정리해서 보여주세요"라고 구체적인 가이드라인을 설정하는 것도 좋다. "세 번 수정했는데도 버그가 없어지지 않으면 얘기해주세요", "오늘 17시까지 해보세요"같이 횟수나 제한 시간을 정해주는 것도 효과적이다.

곤란하다고 느끼는 기준과 시점은 사람에 따라 다르다. 사람에 따라 다르게 생각할 수 있는 것을 보고나 회의의 기준으로 사용하면 문제가 될 수도 있다. 예를 들어 상대방은 당신이 말한 대로 문제가 생겨서 면담을 요청했는데 당신이 보기에 너무 늦었다면, 그야말로 최악의 오해가 아닐까.

03
급한 일로 회의 참석을 요청할 때

대책을 논의하려고 하는데요.

○○ 일을 위한 회의 시간입니다.

비슷한 의미로 쓰여도 알고 보면 서로 다른 말이 있다. 예로, 기간은 '어느 일정한 시기와 다른 일정한 시기 사이 전체 시간의 길이'를 가리키고, 기한은 '어떤 일을 끝내야 하는 정해진 날짜나 시점'을 가리킨다. 참가는 '모임이나 단체에 구성원으로 등록하여 활동하는 것'을 가리키고, 참여는 '활동이나 일에 끼어들어 능동적으로 관여하는 것'을 가리킨다.

마찬가지로 "대책을 논의하려고 하는데요"나 "이 일을 위한 회의 시간입니다"나 하려는 말은 비슷하다. 앞으로 어떻게 할지 논의를 통해 결정하고 싶다는 뜻이다. 하지만 '회의'라는 단어를 넣으면 관계자 모두 참석해야 한다는 의도를 강조할 수 있다. 급한 일이라는 뉘앙스와 각자 의견을 내는 자리라는 느낌이 더해지므로 듣는 사람도 어느 정도 마음의 준비를 하고 회의에 임하게 된다.

광고 제작 현장에서는 본격적인 촬영에 들어가기 직전 '올 스태프 미팅'이라는 회의가 열린다. 놓친 부분은 없는지, 구현하려는 장면에 오류는 없는지 제작에 관여하는 모든 사람이 확인하는 자리이므로 '올 스태프'라는 표현을 쓰는 것이다. 회의 이름에 고민을 더했을 뿐인데 단순히 '사전 회의'라고 할 때보다 그 의미가 더 생생하게 와닿지 않는가.

04
이전 이야기를 다시 해야 할 때

전에도 말씀드렸지만….

지난번에 이야기한 내용을 다시 살펴봅시다.

상대의 자존심을 건드리는 말투는 손해 보는 표현 방식 중에서도 대표적인 사례다. "전에도 말씀드렸지만"이라는 말은 '저번에 말했잖아요', '기억하시죠?'와 같이 상대방을 나무라는 인상을 줄 수 있다. 게다가 '나는 분명히 말했는데'라는 뉘앙스가 있어서 책임을 회피하려는 것처럼 들리기도 한다. 확인차 끼워 넣은 말 한마디로 나의 호감도를 떨어뜨린다면, 즉 손해를 본다면 너무 아깝지 않은가. 이럴 때는 "지난번에 이야기한 내용을 다시 살펴봅시다"라고 운을 띄워보자.

만약 지난번에 이미 설명한 내용에 관해 질문을 받으면 어떻게 해야 할까? 모르는 척하고 다시 설명해도 상관없지만, 질문에 답하는 동안 상대방도 들은 적 있는 내용이라는 사실이 떠오를지 모른다. 이때는 "지난번 설명과 겹치는 부분이 있겠지만"이나 "지난번 회의에서 논쟁이 된 부분 말씀하시는 거죠?"와 같이 덧붙이면 통째로 설명하는 수고를 덜 수 있다.

비즈니스의 세계는 하루가 멀다고 바뀐다. 지난 회의와 이번 회의 사이에 전제나 필요조건이 완전히 바뀌는 상황도 드물지 않다. 그런데 얘기를 반복하게 되어 "저번에도 말했는데"라며 다른 사람을 탓하면 자기 자신만 힘들어질 뿐이다. 누구든 융통성 있게 대응하자는 긍정적인 생각으로 임기응변을 발휘하자.

05
상대방에게 확인해달라고 요청할 때

자료를 확인해주세요.

확인해야 하는 부분을 아래에 따로 발췌했습니다.

확인이 필요한 자료가 있을 때, 상대방에게 요청하기 전에 중요한 항목을 미리 체크해서 건네는 것이 바람직하다. 표지부터 주석까지 꼼꼼히 톺아봐야 하는 상황을 제외하면 의사결정이나 피드백이 필요한 부분은 한정되어 있기 마련이다. 그 사실을 미리 일러두는 것이다.

즉 "자료를 확인해주세요"라고 말하면 어디를 확인해야 하는지 상대방에게 결정을 떠맡기는 것처럼 보일 수 있다는 점에서 오해를 받을 수 있는 표현이다. 게다가 서로 중요하게 생각하는 항목이 다를 수도 있다. "확인해야 하는 부분을 아래에 따로 발췌했습니다"라는 말과 함께 포인트를 정리하면 무엇을 봐야 하는지 한눈에 알 수 있다.

이 외에도 여러 가지 방법이 있다. 수정된 페이지만 화면을 캡처해 첨부하거나, "저번 회의에서 자료에 대한 새로운 해석과 지적이 나와 수정했습니다"라고 판단에 참고할 만한 사전 정보를 덧붙일 수도 있다. 이런 사전 준비가 뒷받침되면 상대방은 진짜 중요한 일에 집중할 수 있게 된다.

보고서를 처음 작성할 때부터 전체 요약이나 수정 이력을 넣는 방법도 있다. 그러면 보고서를 읽는 사람 모두가 무엇을 확인해야 하는지 빠르게 파악할 수 있다. 다른 사람의 시간을 아낄 뿐만 아니라 오해를 만들지 않는 방법이다.

06 보고 사항을 확인했을 때

알겠습니다.

알려주셔서 고맙습니다.

"알겠습니다"라는 표현은 개인적으로 슬랙에서 자주 사용하는 말 중 하나다. 일하다 보면 매일 같이 보고할 일이 생기는데 이때 입버릇처럼 자주 쓰이는 말이 "이해했습니다", "괜찮습니다", "이대로 진행하겠습니다" 등이다.

문제는 늘 쓰던 표현만 쓰는 것이다. 커뮤니케이션이 단순한 업무 연락으로 그치면 상대방과의 관계도 평행선을 그릴 뿐이다. 그럴 때는 "보고해줘서 고마워요"라는 한마디로 상대방의 노력을 인정하고 감사하는 마음을 전할 수 있다. 매번 그러기는 귀찮겠지만, 틀에 박힌 인사치레를 종종 다른 표현으로 바꿔 말하기만 해도 당신에 대한 인상이 확 달라진다. 예를 들어 프로젝트 진행 상황에 관한 보고를 받았을 때 "알겠습니다", "네"라고만 답하는 대신 "늘 열심히 보고해줘서 고마워요"라고 말하면 평범한 보고 시간이 상대의 감정을 움직이는 순간으로 바뀐다.

보고를 할 때 상대방은 당신의 말과 행동을 주시한다. 그런데 당신이 "조금 늦었지만", "나쁘진 않은데" 같은 지적으로 말문을 열면 상대방은 의기소침해진다. 시간 날 때 자신이 다른 사람의 메일에 어떻게 답신하는지, 메신저에서 어떻게 말하는지 되짚어보기를 바란다. 자기도 모르던 나쁜 버릇을 발견하는 기회가 될 것이다.

07

구체적인 설명을 요청할 때

어떻게 하는지 알려주세요.

○○ 씨라면 어떻게 진행할 건가요?

회의를 할 때 상대의 의견을 일방적으로 받기만 하는 것처럼 들리는 말투를 조심해야 한다. 멘토와 멘티, 상사와 부하직원처럼 가르치는 쪽과 배우는 쪽의 역할 분담이 명확한 관계라면 아무 문제 없다. 사양 말고 열심히 귀 기울여 듣자. 하지만 수평적인 관계에서 받기만 하는 말투를 사용하면 손해를 볼 수 있다.

만일 "어떻게 하는지 알려주세요"라는 말로 회의를 요청하면 상대방은 하나부터 열까지 정확히 알려줘야 한다는 생각에 부담감을 느낀다. 무엇을, 어디까지, 얼마나 자세히 알고 싶은지, 본인은 얼마나 깊이 고민했는지 하는 정보가 빠져 불명확한 말투이기 때문이다. 이런 자잘한 커뮤니케이션이 계속되면 최악의 경우 상대방이 '또 시작이군'이라고 생각할 수 있다.

이럴 때 "○○ 씨라면 어떻게 진행할 건가요?"라고 말하면 어떨까. 진행 방식을 전부 알려줄 것 없이 진행 방식에 관한 생각이나 요령을 있는 그대로 전하면 된다. 다시 말해 설명의 영역을 좁히는 것이다. 당신이 미리 고민한 내용을 함께 전하는 방법도 좋다. "저는 이런 식으로 생각해봤는데요" 하고 논의의 초안을 제시하는 것이다.

08
상대방의 생각을
참고하고 싶을 때

의견을 말해주세요.

저는 이렇게 생각하는데, 어떤가요?

내가 광고회사에 다닐 때, 클라이언트를 상대로 제안서를 발표하고 나면 "당신은 무엇을 추천하나요?"라는 질문을 자주 받았다. 매번이라고 해도 좋을 정도였다. 추천과 상관없이 전혀 다른 시안이 채택될 때도 많았지만, 그럼에도 이런 질문은 꼭 빠지지 않았다. 제안을 받기도 하는 지금은 그 이유를 안다. 상대방은 참고할 만한 정보를 하나라도 더 모아서 의사결정이나 피드백의 정밀도를 높이고 싶은 것이다.

의사결정이나 피드백이 필요할 때, 미리 검토한 결과나 현재 시점의 가설이나 걱정되는 점이 있다면 "저는 이렇게 생각하는데, 어떤가요?" 하고 먼저 나서서 말해야 한다. 선입견을 주고 싶지 않아서 이런 정보를 일부러 숨긴다는 사람도 있지만, 사실은 적은 정보로 판단할 때 더 선입견에 휘둘리기 쉽다.

마케팅 전략을 제안해야 한다면 "이번 마케팅 전략을 실행할 때 저는 타깃 설정이 가장 중요하다고 생각하는데, 팀장님의 의견은 어떤가요?"라는 말로 자신이 생각하는 핵심을 명시하자. 평범했던 보고의 시간이 논의의 초안으로 바뀔 것이다. "이런 방향으로 진행하고 싶은데, 제가 간과한 위험 요소가 있지는 않을까 싶어서요"라고 현재 상황과 고민을 털어놓아도 논점이 명확해진다.

09
궁지에 몰려 도움을 청할 때

큰 문제가 생겼어요.

조금이라도 빨리 논의하고 싶어서요.

사람은 힘들 때 자신의 감정을 먼저 토로하고 싶어지는 법이다. 궁지에 몰리면 다양한 선택지를 검토할 여유가 없어지기 때문이다. 난관에 부딪혀 대책을 논의하고 싶을 때 감정을 우선시하는 것보다 도움이 되는 것은 문제의 심각성을 자연스럽게 공유하는 것이다. 대응에 나섰다는 사실도 알려야 한다.

프로젝트에서 문제가 발생했을 때 다짜고짜 "큰일입니다"라고 말하면 상황을 있는 그대로 보여줄 뿐이다. 곤란하다는 감정은 전해지지만, 상대방은 당신이 아무런 대책이 없다고 생각할 수 있다. 반면 "조금이라도 빨리 논의하고 싶어서 미팅 일정을 잡았습니다"라는 말로 운을 띄우면 상대방도 얼마나 시급한 문제인지 알 수 있다. 앞으로 어떻게 대처할지 구체적인 방안을 예고하면 즉각적으로 대응하기 시작했다는 사실도 전해진다.

"좀 더 빨리 말씀드려야 했습니다만"이라며 반성하는 말을 덧붙이는 사람도 있다. 하지만 이처럼 자기 자신을 낮추는 말투는 '맞아, 좀 더 빨리 보고했어야지' 하는 감정을 불러일으킬 수 있으므로 조심해야 한다. 후회나 반성의 뜻은 문제를 수습한 다음 차차 전하면 된다.

CHAPTER 10
효과가 두 배로 뛰는 칭찬의 기술

진짜 칭찬은 '감사하는 말'이다

지금까지 80년이 넘도록 널리 읽히는 데일 카네기의 《인간관계론》에서도 진심으로 칭찬하라는 내용을 중요하게 다룬다. 그처럼 칭찬은 보편적이고도 강력한 커뮤니케이션 수단이다. 당신도 칭찬을 받고 의욕이 생긴 경험이 살면서 한 번쯤은 있을 것이다.

하지만 칭찬은 어려운 일이기도 하다. 다른 의사소통과 달리 개인이 개인에게 직접 전하는 경우가 많기 때문이다. 따라서 상대방의 개성과 경험은 물론 두 사람의 관계성에도 크게 좌우된다. 과정을 칭찬받고 싶은 사람이 있는가 하면, 결과로 평가받기를 바라는 사람도 있다. 사람마다 기대하는 것이 천차만별이며 흔하디흔한 칭찬으로는 의욕을 북돋울 수 없다. 상대방에게 맞춰야 한다는 점에서 고민이 필요한 커뮤니케이션이다.

자칫하면 상대방을 내려다보는 듯한 말투처럼 들린다는

문제도 있다. 다시 말해 칭찬하는 사람과 칭찬받는 사람 사이에 상하 관계가 있는 것처럼 보일 수 있다. 만약 평소 당신이 칭찬하는 사람은 위, 칭찬받는 사람은 아래라는 생각을 품고 있다면 다른 사람을 칭찬할 때 자기도 모르는 사이 남을 내려다보는 듯한 말투일 것이다. 대개 프로젝트를 끝마친 직원에게 "잘했어"라고 말하는 것이 전형적인 사례다.

이런 말투는 아무리 좋은 의도로 칭찬한다고 해도 상대방에겐 '다음번에는 더 잘해보자'라는 무언의 압박으로 느껴질 수 있다. 상대방은 어딘지 모르게 떨떠름해진다. 기껏 한 칭찬이 오히려 압박감을 주고 불안감을 조장하는 것이다.

칭찬의 위험한 점은 하나 더 있다. 바로 칭찬받은 행동에서 벗어날 수 없다는 것이다. "논점이 정확하고 알기 쉽게 정리되었네요"라고 성과를 칭찬받으면 이를 재현하고 싶은 것이 인간의 본성이다. 재현하려고만 하면 차라리 다행이다. 문제는 다른 일을 피하는 것이다. 일하다 보면 상황도, 대응도 그때그때 달라진다. 논점 정리보다 실현 가능성이 낮은 아이디어를 두루 검토하는 일에 시간을 들여야 할 때도 있다. 어느 한 가지 잘한 결과물로 칭찬받은 경험에 발목을 붙잡히면 상황에 따라 유연하게 대응하기 힘들어진다.

핵심은 칭찬 대신 감사를 전하는 것이다. "일 처리가 빠르고 꼼꼼하네요" 대신 "최신 자료를 금방 반영해줘서 도움이 되었어요"라고 고마움을 전하면 같은 눈높이에서 전하는 메시지가 된다. 상대방을 주어로 놓고 칭찬하는 것이 아니라 나 자신을 주어로 놓고 내가 느낀 감정을 있는 그대로 언어화하는 것이다. 감사하는 마음을 전하면 상대방은 한 가지 행동에 얽매이지 않고 주위 사람에게 도움 되는 일을 제대로 파악할 수 있다.

어른은 칭찬해도 효과가 없다?

어린아이에 대한 칭찬 방식을 연구한 사례가 있다.

① 능력을 칭찬한다("너는 머리가 좋구나").
② 노력하는 성격을 칭찬한다("너는 노력하는 사람이구나").
③ 노력 자체를 칭찬한다("과제를 정말 열심히 했구나").

세 가지 중 어떤 칭찬이 가장 효과적이었을까? 바로 세 번째, 노력 자체에 대한 칭찬이었다. 능력을 칭찬하면 나중에 일을 제대로 해내지 못했을 때 자신은 능력이 부족하다는 생각에 빠져 더 어려운 과제에 도전하지 않게 된다. 노력하는 성격을 칭찬하면 일이 잘 풀리지 않을 때 '나는 게으른 인간이었어'라며 과하게 부정적으로 받아들인다. 그러나 결과가 아니라 과정에 해당하는 노력 그 자체를 칭찬하면 다른 일에 도전해야겠다거나 더 어려운 일에 도전해야겠다는 마음가짐을 심어줄 수 있다.

하지만 어른은 그렇게 단순하지 않다. 조사에 따르면 어른의 경우 노력을 칭찬하는 것이 효과적이기는 해도 어린아이 때처럼 명확한 차이는 나타나지 않았다고 한다. 어른은 지식과 경험이 풍부하다. 몇 번 칭찬받는다고 해서 그 영향이 크지 않기에 어른을 대상으로 한 마법 같은 칭찬은 없다. 한마디로 모든 상황을 뒤집을 수 있다는 환상을 버리고 어떻게 칭찬해야 하는지 그 원리를 알아야 한다.

진심으로 느낀 것을 몇 번이고 전하라

중요한 것은 반복이다. 만병통치약 같은 문구나 비결이 없는 이상, 하나씩 꾸준히 쌓아 올리는 수밖에 없다. 업무에 익숙해지기 위해 매일 노력하고 있다면 노력을, 넉살 좋은 태도로 거래처의 마음을 열고 있다면 성격을, 독특한 관점과 통찰력으로 날카로운 분석을 내놓는다면 능력을 몇 번이고 칭찬하는 것이다.

이번 파트에서는 진심으로 느낀 것을 솔직하게 전하는 데 필요한 표현 방식을 정리했다. 겨우 한 번 만에 상대방의 의욕에 불을 붙이는 칭찬은 없다. 오히려 그것을 노리고 과장된 표현을 사용하면 역효과만 일어난다. "덕분에 죽다 살아났어", "아이디어가 끝없이 나오잖아", "혹시 천재세요? 감동적이라 눈물이 다 나오네"같이 과장된 표현은 SNS에서는 눈에 띌지 몰라도 일상에서는 그냥 거짓말이다.

진심으로 느낀 것을 과장 없이 몇 번이고 전하는 게 좋다. 찬사가 아니라 당신이 느낀 감사를 표하는 것이다. 이때 어떤 말을 골라야 할지 감이 잡히면 칭찬하고 싶다는 마음을 느끼자마자 곧바로 상대방에게 전할 수 있게 된다. 타이밍을 놓치지 않고 제때 전하기만 하면 기발하고 재치 있는 표현이 아니더라도 충분히 인상에 남을 수 있다.

01

상대방의 일 처리 능력을 칭찬할 때

잘했어요.

○○ 씨 덕분에 많은 도움이 되었어요.

앞서도 설명했지만 칭찬할 때는 위에서 내려다보는 듯한 말투를 조심해야 한다. "잘했어"나 "일을 참 잘하네"라는 표현은 아랫사람의 노고를 위로하는 말처럼 들리기 쉽다. 그리고 언뜻 긍정적으로 보여도 전체를 뭉뚱그려서 평가하는 말이다 보니 막연하게 느껴질 수 있다. 칭찬의 기본은 감사하는 마음을 제대로 전하는 것이다. "○○ 씨 덕분에 많은 도움이 되었어요"라고 말하면 상대방이 기여한 부분을 명확히 하고 당신이 무엇을 고맙게 여기는지 알릴 수 있다.

구체적인 상황을 통해 살펴보자. 프로젝트 진행이 늦어져 궁지에 몰린 상황에서 팀원 하나가 맡은 업무를 빠르고 정확하게 끝냈다. 이럴 때는 어떻게 칭찬해야 할까. "○○ 씨의 일처리 덕분에 완성도를 유지하면서 마감일을 지킬 수 있었어요. 정말 고마워요."

칭찬할 때는 좋았던 부분과 고맙다고 느끼는 지점을 생략해서는 안 된다. 이들을 대신할 수 있는 마법의 문구는 어디에도 없다. 명확하고 꾸준하게, 당신이 느낀 고마움을 언어화하는 것이 중요하다. 상대방의 도움을 구체적으로 표현하고 감사의 마음을 밝힌다. 이 부분을 대강 넘어가려고 하면 아차 하는 사이 위에서 내려다보는 듯한 말투가 나온다.

02
여러 사람이 힘을 합쳐 성공했을 때

정말 대단하네요.

다들 꼼꼼하게 확인해준 덕분이에요.

제각기 다른 색으로 빛나는 개성과 노력을 하나로 뭉뚱그리는 것은 효과가 별로 없는 칭찬이다. 여러 사람의 노력으로 일을 성공시켰을 때는 "꼼꼼하게 확인해준 덕분이에요"와 같이 구체적인 행동을 명시하고 그 행동에 대한 고마움을 표하자. 그것만으로도 말에서 느껴지는 인상이 크게 바뀐다.

예로, 품질관리팀에서 사전 테스트를 통해 제품 불량률을 크게 낮췄을 때 "정말 대단하네요"같이 상대방의 능력을 막연하게 칭찬하는 표현은 그다지 효과적이라고 볼 수 없다. 대신 "다들 꼼꼼하게 확인해준 덕분에 리콜 사태를 막을 수 있었습니다"라고 말하면 각자의 행동과 노력이 결과로 이어졌다는 인과관계가 제대로 전해지고, 팀원들은 앞으로도 그렇게 행동하면 된다는 생각에 의욕을 가질 수 있다. 노력, 결과물, 자세 등에서 상황에 맞는 것을 골라 언급하면 된다.

사람마다 맡은 일도, 잘하는 일도, 자신 없는 일도 모두 다르므로 한 사람 한 사람 구별해서 기억하고 표현해야 한다. 크든 작든 집단은 개개인이 모여서 만들어진다. 일 대 다수가 아니라 일대일로 관계를 쌓는다는 생각으로 고마움을 표현하도록 하자.

03
꾸준히 성과를 내는 사람을 칭찬할 때

늘 열심히 하는 것 같네요.

○○ 씨가 있어서 다행이에요.

늘 뛰어난 일 처리를 보여주는 사람을 칭찬하기란 쉽지 않은 일이다. 구체적인 행동을 가리켜 고마움을 표현하는 것이 칭찬의 기본이지만, 같은 말을 몇 번씩 하다 보면 어딘지 모르게 찜찜한 기분이 든다. 결국 "늘 열심히 하고 있네요"같이 추상적인 표현으로 흘러가기 마련이다.

그럴 때는 그 사람의 존재 자체를 언급해보자. 이를 '존재 승인'이라고도 하는데, 상대방이 늘 그 자리에 있다는 사실 자체에 고마움을 표하는 것이다. 예를 들어 동료 직원이 어려움에 빠지면 먼저 나서서 도와주는 사람이 있다고 하자. 이때 "늘 팀원들을 도와주네요"라고 말하는 대신 "OO 씨가 우리 팀에 있어서 얼마나 고마운지 몰라요"라고 말하는 것이다. 상대방이 자신의 존재를 인정받고 있다고 느끼게 하려면 평소 꾸준한 감사가 뒷받침되어야 한다. 즉 누군가의 존재를 인정한다는 것은 한결같은 행동에 한결같이 감사하는 일이다.

참고로 존재를 인정할 때는 이유를 너무 구체적으로 밝히지 않는 것이 좋다. "프레젠테이션을 잘 만드는 OO 씨가 우리 팀에 있어 줘서 다행이야"라는 말을 들으면 상대방은 자신의 존재 가치가 프레젠테이션 작성에만 있다고 생각할 수 있기 때문이다. 자신감이나 의욕을 잃은 사람에게는 늘 그 자리에 있어주는 것에 대해 고마움을 표할 수도 있다.

04

직원이 새로운 관점을 제시했을 때

그 나이대여서 그런지 잘 아네요.

굉장히 흥미로운 분석이네요.

칭찬하려던 의도였는데 오히려 그 말로 인해서 상대방의 기분이 나빠질 때가 있다. 남성과 여성, 미혼과 기혼, 젊음과 늙음 등 상대방의 특성을 끄집어내 칭찬할 때는 특히 조심해야 한다. "이번 신제품은 홍보 대상이 젊은 여성이라 나이대가 가까운 OO 씨에게 맡겼는데 그러길 잘했네" 같은 말은 칭찬처럼 보여도 차별 발언이다. 마찬가지로 "남자답게 영업을 잘하네", "여자라 그런지 꼼꼼해", "아이가 있어서 아동용 제품 개발에 딱 맞네" 같은 말도 금지다. 노력, 개성, 성과 등 짚어야 할 부분은 따로 있다.

예를 들어 젊은 직원이 새로 떠오르는 시장을 분석했다고 하자. "역시 타깃이랑 나이대가 가까워서 그런지 잘 아네요"라며 그 직원의 특성을 들어 일솜씨를 칭찬하는 것은 바람직하지 않다. "발상이 색다른 데다가 수요에 대한 가설이 매우 흥미롭네요"와 같이 성과 그 자체, 상대방이 특히 공들인 부분, 일에 쏟은 시간과 노력을 구체적으로 평가해야 한다.

언어폭력에 관한 일본 후생노동성의 조사에 따르면 기업의 가장 큰 고민은 '어디까지가 언어폭력인지 가늠하기 힘들다(59.6%)'인 것으로 나타났다. 칭찬이 언어폭력이 되리라고는 상상도 하지 못했다면 사람들의 특성에 의존하지 않고 칭찬하는 법을 몸에 익히도록 하자.

05
보고서가 잘 정리되어 있을 때

정말 완벽하다!

놓치기 쉬운 부분까지 잘 정리했어요.

과도하게 단언하는 듯한 칭찬은 위에서 내려다보는 말투처럼 느껴질 수 있다. 물론 당신이 자료를 맨 마지막에 확인하는 결정권자라면 이런 표현 방식도 어느 정도 필요할 것이다. 여기에 구체적인 피드백을 곁들이면 상대방의 의욕을 높일 수 있다. 실제로 피드백이 명확할수록 행동의 재현성이 높아진다는 연구 결과가 있다.

자료의 수준이 높다면 "놓치기 쉬운 부분까지 잘 정리했어요"라고 구체적인 포인트를 짚어준다. 이전에 지적한 부분이 확실히 개선되었다면 "곁가지를 쳐내서 본론이 한층 더 명확해졌어요"라고 언급한다. 구체적인 포인트를 알려줌으로써 상대방이 어떤 면에서 특히 뛰어난지 알려주는 것이다.

하지만 이 파트의 서두에서도 설명했듯이 구체적인 피드백은 행동의 재현성을 높이는 한편 칭찬받은 행동에서 벗어나지 못하게 만든다는 단점이 있다. 서로 눈치만 보는 분위기를 바라는 사람은 아무도 없을 것이다. 이럴 때는 피드백한 포인트를 메모해두는 것이 좋다. 그렇게 하면 정확한 숫자 계산만 칭찬하거나 프레젠테이션 디자인만 언급하는 등 자신이 어디에 치우쳐 칭찬하는지 알아차릴 수 있다.

06 상대방과 신뢰를 쌓고자 할 때

○○ 씨라면 다 할 수 있어!

당신이라면 믿고 맡길 수 있어요.

상대방의 의욕을 높이는 데 있어 능력을 인정하는 것만큼 효과적인 방법이 있을까. 그 사람의 기술 수준이나 성장에 대한 표현을 사용해보자. 이때 칭찬하는 사람, 즉 당신의 존재를 지우지 않도록 주의해야 한다. 보통 "너라면 괜찮아", "너라면 다 할 수 있어"와 같이 상대방에 관해서만 말하기 쉬운데, 이런 표현은 너무 가벼운 인상을 줄 수 있다.

신뢰와 함께 신뢰의 근거도 제시하자. "(내가) 믿는다"라는 표현은 별것 아닌 듯 보여도 당신의 존재와 감정이 반영되었다는 점에서 큰 차이가 있다. 쑥스럽겠지만 상대방을 인정하고 있다는 사실을 솔직하게 전해보자. 또는 "기획서 내용이 전개가 훌륭해서 내가 다 감격스럽네"같이 당신이 느낀 감정을 있는 그대로 표현하는 것도 좋다. 자신이 상대방의 능력을 평가할 만한 위치가 아니라고 생각한다면 "요 몇 달 동안 프로젝트 진행 과정과 결과를 지켜봐 왔는데…" 하고 업무 성과에서 찾아낸 근거를 구체적으로 보여주는 것도 좋다.

이처럼 상대방에 관한 것뿐만 아니라 당신이 느낀 것도 전하면 신뢰 관계를 다질 수 있다. 우선은 마음을 말로 표현하는 것부터 시작해보자. 다만 생각하지도 않은 점을 과장되게 표현해서는 안 된다. 대체로 금방 들키기 때문이다.

07
손윗사람을 자연스럽게 칭찬할 때

모두 다 선배님 덕분입니다.

선배님의 그런 점을 배우고 싶습니다.

직장 상사나 선배 등 손윗사람을 칭찬할 기회는 많지 않다고 느낄 수 있다. 하지만 칭찬하는 것은 곧 감사를 전하는 것이다. 그렇게 생각하면 윗사람을 칭찬할 상황도 무척 많다고 볼 수 있다. 그러니 발상을 전환해보면 어떨까.

최근 원격근무가 늘어나면서 다른 사람과 대화를 나누고 서로 알아갈 기회가 크게 줄어들었다. 손윗사람에게 감사할 일이 생기면 단순히 고마움을 전하는 것에서 그치지 말고 더 깊은 대화를 나누는 계기로 삼아보자. 평소 같았으면 "선배님 덕분입니다, 감사합니다"로 대화가 끝날 것을 "선배님은 타깃에 대한 이해도가 매우 높네요. 어떻게 하면 그런 아이디어를 떠올릴 수 있는지 배우고 싶습니다"라고 바꿔 말하는 것이다. 그러면 일에 대한 의욕을 보여주고 노하우도 배우는 시간으로 연결할 수 있다.

물론 상대방과의 공통점을 금방 찾아내는 능력이나 용건이 없어도 대화를 이어가는 말주변이 있다면 위의 방법은 중요하지 않을 것이다. 하지만 말주변을 기르려면 시간과 훈련이 필요하다. 감사를 통해 배움의 기회를 마련하는 건 당장이라도 할 수 있다. 다만 '이걸 가르쳐달라고 하면 상대방이 좋아하겠지' 하는 마인드는 경계해야 한다. 배우고 싶지도 않은데 가르쳐달라고 하는 건 상대방의 시간을 뺏을 뿐이다.

08 모범이 되는 사람에게 존경을 표할 때

젊게 사시네요.

○○님 같은 어른이 되고 싶어요.

칭찬은 의외로 다루기 힘들다. 아첨이 될 수도, 인사치레가 될 수도, 심지어는 언어폭력이 될 수도 있다. 100세 시대를 맞이한 요즘, 나이가 무색할 만큼 젊고 활발하게 사는 사람이 점점 늘고 있다. 그래서 그 사람의 감성과 생활 방식에 존경을 표하고 싶어 "젊게 사시네요"라고 말할 때도 있다.

하지만 이 "젊게 사시네요"라는 말은 사람에 따라 완전히 다르게 받아들일 수 있는 묘사형 표현이다. 교토 사람의 "그 집 아이는 피아노를 잘 치네요"라는 말은 '피아노 치는 소리가 시끄럽다'라는 뜻이라고 한다. 이처럼 상황을 묘사하는 표현은 좋은 의미로도, 나쁜 의미로도 받아들여질 수 있다. "젊게 사시네요"도 삐딱한 마음으로 들으면 비꼬는 말처럼 느껴진다. 숨은 뜻이 있다고 오해하기 쉬운 것이 묘사형 표현의 단점이다.

이런 오해를 막으려면 상대방의 모습을 묘사하는 대신 표현에 진심이 드러나도록 자신의 행동에 적용해서 표현해야 한다. 화자의 의욕이 비쳐 보이는 말에는 다른 사람의 해석이 끼어들 여지가 생기지 않기 때문이다. "○○님 같은 어른이 되고 싶어요"와 같이 가슴에서 우러나온 긍정적인 마음을 전해보자.

09
가볍게 칭찬하고 싶을 때

오늘 입은 옷이 잘 어울려 보이네요.

늘 멋있어요.

별 뜻 없는 칭찬은 말의 앞뒤에 붙는 시간을 늘려보자. 지금 이야기만 하는 것이 아니라 과거부터 현재에 이르기까지 그 사람의 일관된 장점을 표현할 수 있기 때문이다.

"오늘 입은 옷이 잘 어울려요"라며 칭찬하면 상대방의 현재 모습만 칭찬하는 것이다. 상대방은 오늘 입은 옷이 어쩌다가 당신의 취향에 맞았다고 생각할지도 모른다. 옷이나 액세서리 자체만 칭찬하는 느낌을 받을 수도 있다. 하지만 "늘 멋있어요"라고 과거로 거슬러 올라가 시간을 늘리면 취향이나 센스처럼 그 사람이 오랜 시간 쌓아온 것까지 칭찬할 수 있다.

함께 일할 때 이렇게 성향, 습관을 칭찬하면 된다. 시간 약속을 잘 지키는 사람을 칭찬할 때는 "시간에 딱 맞춰 왔네요"가 아니라 "예전부터 느낀 건데, 시간 관리가 철저하네요"라고 말한다. 소소한 차이로 전혀 다른 느낌을 줄 수 있다.

표현 앞뒤의 시간을 늘리는 말투의 장점은 하나 더 있다. 평소 상대방을 유심히 지켜보면서 장점을 제대로 파악하고 있다는 사실을 전할 수 있다는 것이다. 따라서 나에 대한 상대방의 호감도 높일 수 있다.

10

기대했던 성과를 낸 상대방을 칭찬할 때

거봐, 마음만 먹으면 할 수 있잖아.

필요할 때마다 도움이 되어줘서 고마워.

칭찬하려던 생각이었는데 오히려 상대방을 주눅 들게 만드는 경우가 있다. "거봐, 마음만 먹으면 할 수 있잖아"가 바로 그런 말이다. 말하는 사람은 상대방이 드디어 진가를 발휘했다거나 잠재력이 꽃을 피웠다거나 하는 긍정적인 의미로 사용했을 것이다. 하지만 이는 윗사람이 아랫사람을 격려하는 표현에 가깝다.

게다가 듣는 사람은 평소 노력과 성과를 인정받지 못한다고 느낄 수 있다. '(마음만 먹으면 할 수 있지만) 평소에는 못한다'라는 의미로도 들리기 때문이다. 자신의 능력이 직장 상사나 동료에게서 어쩌다 한 번씩 좋은 평가를 받는다고 생각하면 자신감이 생기기는커녕 불안감만 커질 것이다.

프로젝트가 난항을 겪는 와중에 팀원 중 한 사람이 뛰어난 성과를 발휘했다고 하자. 이럴 땐 "마음만 먹으면 잘하잖아" 대신 "필요할 때마다 도움이 되어줘서 고마워"라고 말하는 게 좋다. 당신, 즉 말하는 사람을 주어로 놓고 곤란한 상황에서 큰 의지가 되었다는 사실에 고마움을 전하는 것이다. 상대방은 평소 보여주는 성과를 포함해 늘 믿음직스러운 사람으로 여겨진다는 생각에 한층 더 힘을 낼 수 있다.

참고로 앞으로 할 일에 대해서라면 격려하는 의미라면 "너는 마음만 먹으면 얼마든지 할 수 있어"를 쓸 수 있다.

CHAPTER 11
호감을 부르는 격려의 기술

누군가를 격려하기 전에 알아야 할 것들

미국의 제45대 부통령 앨 고어의 연설문 작가를 맡았으며 저서 《드라이브》로 유명한 다니엘 핑크는 2022년에 신작 《후회의 재발견》에서 '후회의 힘'에 관해 이야기했다. 변화와 행동을 추구할 때 우리는 긍정적인 감정을 북돋우는 방법에 집중하기 쉽다. 하지만 알고 보면 부정적으로 여겨지는 감정에도 성장과 전진에 꼭 필요한 힘이 있다. 불안감이 있기에 신중해지고, 혐오감이 있기에 해악으로부터 자신의 몸을 지킬 수 있는 것처럼 말이다. 다음에는 후회하고 싶지 않기에 더 많이 고민하고 더 좋은 선택을 하려는 동기가 강해지기도 한다.

누구든 살다 보면 난관에 부딪혀 풀이 죽거나 자신감을 잃을 때가 있다. 그럴 때는 어떻게 격려하면 좋을까? 혹시 고민에 빠지는 것은 바람직하지 않으며 한시라도 빨리 원래 상태로 돌아가야 한다고 재촉하지는 않는가?

고민은 문제를 직시하고 해결책을 찾아내기 위한 첫걸음

이다. "앞으로 나아가려면 고민도 필요한 법이야"라고 토닥이면 된다. 긍정적인 감정만 있다고 해서 해결되는 것이 아니라 긍정과 부정의 균형이 중요하다는 걸 기억하자.

격려의 시작은 상대방의 말을 듣는 것

다른 사람을 격려할 때는 말하는 것보다 듣는 것이 중요하다. 자신감을 잃고 풀이 죽은 사람을 북돋우려면 무언가 말해야 한다는 생각을 버리고 상대방의 말부터 들어야 한다. 다짜고짜 자신의 생각과 조언을 밀어붙이는 대신 상대방의 이야기에 잠자코 귀 기울이는 것이다. 상대방이 왜 고민하는지, 어떤 감정을 품고 있는지 이해하는 것이 핵심이다.

말하려는 마음이 앞서면 말할 타이밍만 노리다가 상대방의 말허리를 자르게 된다. 맞장구를 치면서도 머릿속으로는 자기가 할 말만 생각하기도 한다. 하지만 상대방이 안심하고 속을 터놓을 수 있으려면 먼저 이야기에 관심을 보이고 귀 기울이는 자세를 보여야 한다.

예를 들어 직장 동료가 "요즘 일이 잘 안 풀려서…"라고 말을 꺼냈다고 하자. 이때는 "괜찮아", "앞으로 잘될 거야"라고 위로하기보다 "어느 부분이 특히 힘들어?"라는 질문으로 고민의 핵심을 끌어내는 것이 상대방을 위한 일이다. 그러면 상대방은 질문에 답하며 자신의 감정을 정리하고 해결책을 발견하는 시간을 가질 수 있다. 일단 들어준 다음 격려가 되는 말을 건네도록 하자.

공감은 하되 동조는 하지 않기

상대방의 감정을 이해하고 가까이 다가가기 위해 꼭 필요한 것이 공감이다. 이야기를 나누다가 '이 사람은 내 마음을 전혀 알아주지 않네' 하는 생각이 들면 깊은 속내와 고민을 털어놓을 마음이 싹 사라지기 마련이다. 아무리 좋은 말을 들어도 가슴에 와닿지 않는다.

하지만 공감은 하되 동조는 하지 말아야 한다. 상대방의 감정에 공감하는 것은 좋지만 부정적인 감정이나 시점에 끌려가서는 안 된다. 침착한 자세를 유지하면서 상대방이 혼자 힘으로는 다다를 수 없는 결론을 함께 찾아가는 것이다. 마라톤에서 상대방의 옆에서 달리는 페이스메이커를 생각하면 된다. 상대방이 달리기 싫어한다고 해서 당신까지 발걸음을 멈추면 결승선은 영영 가까워지지 않는다.

중요한 프레젠테이션에서 실수하는 바람에 풀 죽은 동료 직원에게 "많이 힘들겠다"라며 공감하는 것은 좋지만, "어떡하냐, 해결 방법이 있을지 모르겠다"라며 상대방의 감정에 지나치게 이입해서는 안 된다. 공감은 표현하더라도 깊숙이 끌려 들어가지 않는 냉정함을 갖추자. 객관적인 시선으로 문제를 살펴보고 해결책이나 건설적인 관점을 제공하면 상대방이 한 걸음 나아가는 데 도움이 될 것이다.

상대방의 관점을 바꾸는 길라잡이

따라서 격려할 때는 상대방의 관점을 바꾸는 데 도움을 주는 것을 목표로 삼아야 한다. 관점을 바꾸면 같은 상황에서도 다른 인상을 받으므로 부정적인 감정과 긍정적인 감정의 균형을 잡을 수 있다. 물론 눈앞에 닥친 절망스러운 문제를 절호의 기회처럼 꾸밀 수는 없다. 하지만 속수무책이라고 생각했던 상황이 알고 보니 조그만 과제의 집합체였다는 사실을 깨닫게 할 순 있다.

처지가 바뀌면 관점도 바뀐다. 상대방보다 먼발치에서 상황을 부감하는 당신의 조언은 문제를 냉정하게 재인식하는 계기가 될 수 있다. 고민에 빠진 상대방이 혼자 힘으로 관점을 바꾸기는 힘들다. 상대방의 감정을 마이너스에서 플러스로 확 뒤집으려고 하는 대신 상황을 되돌아보는 데 도움을 주는 것을 목표로 삼자.

상대방이 미처 생각하지 못한 새로운 관점을 제시한다며 상황을 180도 바꿀 것 같은 마법의 문장만을 노리면, 작위적인 말처럼 느껴지거나 '이 사람이 내 말에 공감하기는 하나' 하며 의심을 받을 수 있다. 조금씩 긍정적인 방향으로 이끄는 길라잡이 역할을 자처하면 상대방도 머지않아 의욕을 되찾을 것이다.

01
상대방이 무언가 고민이 있는 것 같을 때

일이 생기면 말해.

혹시 무슨 일 있었어?

상대방이 무언가 고민이 있어 보일 땐 먼저 속마음을 넌지시 떠본다. 그리고 상대방이 고민을 털어놓기 시작하면 고개만 끄덕이기보다는 몸을 살짝 앞으로 기울이며 경청하는 자세를 보인다.

앞서 격려는 경청에서 시작한다고 썼지만, 상대방이 다가오기만을 기다리면 이야기를 들을 기회는 오지 않는다. 골치 아픈 문제일수록 다른 사람에게 가볍게 말하기 힘든 법이다. 이럴 때 "무슨 일 생기면 말해, 들어줄게"라고 말하면 친절한 것처럼 보여도 별 효과가 없다. 다소 넘겨짚더라도 "너 무슨 일 있었지?"라고 콕 집어서 물어보면 상대방은 자신의 감정이나 상황을 얼버무리기 힘들어지고 결국 속내를 털어놓게 된다. 그러니 "네" 혹은 "아니요"로 답할 수 있는 질문을 추천한다.

내 걱정과 달리 아무 일 없을지도 모른다. 하지만 당신이 고민거리를 적극적으로 들어주려고 했다는 기억은 상대방의 머릿속에 뚜렷이 남을 것이다. 상대방이 말을 꺼내기 쉬운 상황을 만들고 싶다면 "요즘 이런 일로 힘들지 않아?" 하고 구체적으로 물어보는 방법도 있다. 당신이 먼저 가설을 제시하면 상대방은 자신의 감정과 상황을 쉽게 정리할 수 있다.

이렇게까지 했는데도 상대방이 선뜻 입을 열지 못한다면 따로 정기적인 대화 시간을 설정해보자. 하루 15분이라도, 격주라도 좋다. 대화의 장을 시스템화하는 것이다.

02
상대방이 고민을
털어놓기를 머뭇거릴 때

뭐든 얘기해.

네 이야기를 듣고 싶어.

상대방의 고민을 듣기 위해 기다리지 않고 먼저 움직이다 보면 자기도 모르게 "뭐든 얘기해"와 같이 상대방의 선택에 내맡기는 표현을 고르기 쉽다. 하지만 이런 표현은 "네가 말하면 들어는 줄게"와 같이 수동적인 태도로 느껴질 수 있다.

먼저 해야 할 일은 상대방의 이야기에 흥미와 관심이 있다는 사실을 보여주는 것이다. 스스로 하고 싶어서 하는 일이라는 사실을 전하는 것은 상대방에 대한 존중을 보여주는 일이기도 하다. 존중이 있느냐 없느냐는 큰 차이다. 당신의 진심을 파악한 상대방은 안심하고 이야기를 털어놓기 시작할 것이다.

직장 동료가 새로 맡은 일로 고민에 빠져 있다면 "뭐든 얘기해봐"라고 상대방에게 선택을 떠넘기지 말고 "네 고민이 뭔지 듣고 싶어"라고 해서 바라는 것을 명확히 표현하자. 수동적인 자세로 마냥 기다리는 대신 주체적인 자세로 문제와 마주하는 것이다.

격려하려면 상대방으로부터 이야기를 끌어내서 들어야 한다. '언젠가 말해주겠지' 하며 기다리지 말고 상대방이 먼저 고민을 꺼낼 수 있도록 유도해보자. 이때 자신이 무엇을 바라는지 명확히 표현하는 것이 효과적이다.

03
고민에 빠진 상대방의 의욕을 북돋울 때

힘내.

계속 노력해왔잖아.

마라톤 경주를 할 때 선수들의 지인, 스태프 등이 거리에서 선수들을 열렬히 응원하는 걸 볼 수 있다. 길가를 메운 사람들이 보내는 환호는 선수들에게 큰 힘이 된다. 하지만 일은 다르다. 선수와 관중처럼 명확한 구분이 없다. 당신도, 고민에 빠진 상대방도 결국 같은 레인을 달리는 팀메이트다. 이럴 땐 "힘내"라며 일방적인 응원을 보내기보단 나란히 달리며 서로 버팀목이 되는 것이 중요하지 않을까.

상대방과 힘을 합쳐 고민을 해결하려면 신뢰 관계가 뒷받침되어야 한다. 조언은 다음 문제다. 우선 상대방의 노고에 공감하는 것부터 시작해보자. 이때는 현재 진행 중인 일에만 공감하는 대신 "늘 노력하고 있잖아"와 같이 말의 앞뒤 시간을 늘리면 좋다. 즉 "어려운 협상을 맡으면서도 힘든 내색 한번 없었지"라는 말로 상대방이 일하는 과정과 지금까지 들인 노력도 인정하는 것이다. 상대방은 지금까지의 일을 되돌아보면서 자기효능감이 높아지는 것을 느낄 수 있다. 묵묵히 자신을 지켜보고 신경 써준다는 생각에 당신을 향한 믿음도 커진다.

단순히 의욕만 북돋우려고 하지 말고 당신도 옆에서 같이 싸우는 사람이라는 사실을 알게 하는 것이 좋다. 강 건너 불구경하는 사람처럼 여겨지면 아무리 훌륭한 격려의 말을 건네도 마음을 울리지 못할 테니 말이다.

04
어려운 도전에 직면했을 때

포기하지 마.

다음 목표까지 얼마 남지 않았어.

흔히 사람들은 "포기하지 마"를 격려하는 말로 안다. 하지만 스포츠 경기가 막바지에 이르러 긴장감이 절정에 이른 상황이라면 모를까, 매일 출근하는 일터에서는 포기하면 큰일이 벌어질지도 모른다는 압박으로 다가온다. 말 자체가 지니는 무게가 있고, 딱 들어맞는 상황이 그리 많지 않은 표현이기 때문이다.

'포기'라는 말이 나올 상황이라는 것은 어려운 과제를 맞닥뜨렸다는 의미다. 그럴 때는 행동을 작은 단위로 나눠보자. 매출 목표를 달성하느냐 못하느냐 하는 갈림길에서 "포기하지 마. 마지막까지 힘내야지"라고 닦달하거나 "마감일까지 일주일밖에 안 남았어"라고 기한을 들이밀며 불안감을 조성하는 대신, 눈앞에 있는 낮은 허들을 가리키는 것이다.

'올해' 목표액 달성까지 얼마 남았다는 식으로 최종적인 목표를 내세우기보다는 '오늘' 목표 상담 건수까지 몇 건 남았다는 식으로 작게 나눈 행동을 제시해 눈앞에 닥친 임무와 목표로 의식을 집중시키자. '내일은 평소보다 30분 빨리 일을 시작해볼까?' 하고 당장 손쉽게 해낼 수 있는 임무부터 설정하는 것도 좋다. 작게 나눈 행동을 하나씩 해치우다 보면 마음이 한결 가벼워질 것이다.

05
'잘할 수 있을까?' 걱정하는 상대방을 안심시킬 때

실수하지만 않으면 이길 거야.

늘 하던 대로 하는 거야.

"실수하지만 않으면"이라는 표현은 격려하는 상황에서는 압박으로 변한다. 스포츠의 세계에서도 1점을 다투는 경기 후반에 "실수하지만 않으면 이길 거야"라고 응원하면 상대방은 '실수하면 진다'라고 받아들인 나머지 오히려 실수할 가능성을 의식하게 된다고 한다. 마찬가지로 '평소처럼만 하면 잘할 거야'라는 표현은 평소처럼 하지 못했을 때 일어날 일을 상상하게 만들어 불안감을 높일 수 있다.

상대방을 안심시키고 싶다면 상대방이 지금까지 꾸준히 쌓아온 것에 주목하자. "늘 하던 대로 하는 거야"라는 표현으로 과거 성공 체험에 당신의 보장을 곁들이는 것이다. 그러면 상대방은 지금까지 한 노력에 자신감을 가지는 한편 무엇에 집중해야 하는지 생각을 정리할 수 있다.

지금 상황에서 무엇을 해야 하는가 하는 생각, 사물을 보는 관점은 별것 아닌 한마디로도 크게 바뀐다. 내가 하려는 말이 상대방에게 부담을 주지는 않을지 찬찬히 고민해보자.

06
상대방이 인사이동으로 불안해할 때

새 부서에서도 힘내.

적절한 인사이동이었다고 생각해.

회사 생활을 하다 보면 인사이동이 발표되고 업무 환경이 바뀔 때가 있다. 새로운 상황을 마주하면 지금까지 써오던 무기는 무용지물이 될지도 모른다. 이처럼 불안 한가운데에 있는 사람에게는 힘내라고 응원해봐야 그 마음이 고스란히 전해지지 않는다. 불안이라는 비관적인 감정에 지배당해 긍정과 부정의 균형이 무너진 상태이기 때문이다.

이럴 때는 사물을 보는 관점을 바꾸는 한마디가 큰 효과를 발휘한다. 부정적인 감정을 누그러뜨릴 수 있도록 다른 관점을 제공하는 것이다. 예를 들어 잘 모르는 부서라서 불안하겠지만 앞으로 성장 가능성이 큰 사업 영역이므로 재량을 마음껏 발휘할 수도 있다. 이전 부서에서 다진 기반에 새 부서에서 익힐 능력이 더해지면 강력한 무기가 될 것이다. 다른 곳에서 하기 힘든 혁신적인 프로젝트를 추진하는 부서이므로 귀중한 경험을 쌓을 수 있다.

그러니 좋든 나쁘든 제3자이기에 볼 수 있는 관점을 공유해보자. 상대방이 미처 생각하지 못한 포인트를 꼭 한번 제시해보자. 부럽게 느껴진다면 그 감정을 있는 그대로 표현하는 것도 좋다. 당신에게는 당연한 생각도 입장이 바뀌면 신선해 보인다. 관점이 바뀌면 감정도 그 모습을 바꿔 새로운 균형을 이룬다.

07

번아웃이 온 동료를 격려할 때

좀 더 의욕을 가져봐.

이 일을 처음 시작할 때는 뭐가 즐거웠어?

의욕에는 두 가지 종류가 있다. 개인의 내면에서 끓어오르는 욕구를 따라 행동하는 내적 동기와, 보수나 징벌처럼 외부에서 야기되는 것을 원하거나 피하려는 외적 동기다. 각각 장단점이 있으므로 우열을 가릴 순 없지만 커뮤니케이션을 통해 우리가 자극하고자 하는 것은 전자다. 개인의 호기심, 탐구심, 향상심처럼 우리 내부에서 생겨나는 의욕이다.

내적 동기를 촉진하려면 그 사람의 가슴속에 잠든 흥미와 관심에 스포트라이트를 비춰야 한다. 프로젝트 진행이 벽에 막혀 고민하는 동료 직원이 있다면 "프로젝트를 처음 시작했을 때는 뭐가 즐거웠어?", "가장 흥미로운 부분은 어디였어?" 하고 스스로 분석하게 해보자. 답은 사람에 따라 다르다. 아무도 도전한 적 없는 전인미답의 영역에 가슴이 뛰는 사람이 있는가 하면, 철저하게 시스템화된 분야에서 편안함을 느끼는 사람도 있다. 따라서 대화를 통해 상대방이 동기부여가 되는 요소를 언어로 표현하고 자신 원하던 업무를 발견할 수 있도록 돕는 것은 큰 격려가 된다.

평소 이야기를 나누면서 상대방의 동기부여 요소를 알아가는 것도 중요하지만, 당신이 먼저 상대방의 가치관이나 강점을 피드백하는 것도 효과적이다. 상대방이 스스로 자신의 행동을 결정하도록 유도하는 방법도 추천한다. 자율성은 내적 동기를 타오르게 하는 휘발유니까.

08
새로운 도전을 앞둔 상대방을 응원할 때

실패해도 돼.

지금까지 해보지 못한 경험을 해보자.

"실패해도 돼. 그러니까 눈 딱 감고 도전해보자." 이렇게 아무리 격려해도 실패에 대한 두려움은 완전히 사라지지 않는다. 두려움에 짓눌려 불안정한 상태인데 옆에서 별것 아니라느니 겁낼 필요 없다느니 하고 말하면 믿음이 갈 리가 없다.

이때는 상대방이 밝은 미래로 눈길을 돌릴 수 있도록 새로운 관점을 제시해야 한다. "이번 프로젝트를 통해 색다른 경험을 해보자", "하나라도 좋으니, 지금까지 한 적 없는 일을 시도해보자" 등 도전을 통해 확실히 얻을 수 있는 것에 주목한다. 굳이 내가 말하지 않아도 이미 알고 있지 않을까 하는 생각이 들지도 모른다. 하지만 외로움은 누군가 굳이 나서서 말할 때 비로소 사라진다. 나 말고도 같은 눈높이에 선 사람이 더 있다는 생각에 안도감이 생기면서 두려움을 뛰어넘을 수 있다.

입사 2년 차였던 무렵, 다른 직원들과 한 경쟁 프레젠테이션에 나간 적이 있다. 당시 베테랑 크리에이티브 디렉터는 내게 실패해도 된다거나 마음대로 하라거나 하지 않았다. 대신 "몇 년 뒤에 돌이켜 봤을 때 '잘도 그런 기획을 제안했었지' 하고 웃어넘기면서 다 같이 술잔을 기울일 만한 일을 해보자"라고 말했다. 불안감에 짓눌려 있던 어깨가 확 가벼워진 느낌이 지금까지도 기억에 선명하다.

CHAPTER 12

관계가 술술 풀리는 사과의 기술

문제 해결보다 인간관계 회복이 먼저다

누구나 살면서 한 번쯤은 돌이킬 수 없는 잘못을 저지를 때가 있다. 이렇게 잘못을 저질렀을 때 "죄송합니다"라는 한마디로 끝날 상황이라면 더 이상 말할 필요가 없다. 이 파트에서는 그 정도로는 결코 수습할 수 없는 사태에 관해 생각해보려고 한다. 물론 그런 상황은 상상하기도 싫을 것이다. 하지만 실제로 사과할 때 중요한 건 '어떻게 사과할 것인가'가 아니라 '어떻게 해야 사태가 더 나빠지는 걸 막을 수 있는가'다.

많은 문화권에서 그렇지만, 특히 일본에서는 사과할 때 문제 해결보다 인간관계 회복이 우선이다. 상처를 입힌 사람과 입은 사람으로 나뉜 관계를 원래대로 되돌리는 것이다. 다시 말해 비 온 뒤에 땅이 굳어지기를 기다리기보다 지나간 일은 지나간 대로 흘려보내는 것이 먼저다. 따라서 '자기방어'는 경계해야 한다. 상대방을 배려하지 않고 자기 자신만 지키려고 하면 인간관계는 한쪽으로 치우친 채 굳어진다.

반대로 상대방의 사과를 받을 때는 '피차일반'의 뜻을 표현하는데, 예를 들어 약속을 잊어버린 상대방이 미안해하면 "확인하지 않은 내 잘못도 있지"라고 답하는 방식이다. 관계를 부드럽게 만드는 윤활유 같은 표현을 통해 어느 한쪽만 나쁜 사람이 되지 않도록 배려하는 것이다. 사과를 하는 쪽과 받는 쪽 모두 인간관계의 균형을 의식하기에 나타나는 언어 습관이다.

안 하느니만 못한 사과 네 가지

일본어는 대체로 균형을 중시하고 자기방어를 경계한다. 따라서 사과를 할 때도 다음과 같이 자기방어처럼 느껴질 수 있는 표현은 피해야 한다.

① 정당화: 의도는 나쁘지 않았다고 변명한다('잘 몰라서', '열심히 했지만', '나도 모르는 사이에').
② 왜소화: 큰일이 아닌 것처럼 사태를 축소한다('사소한 부주의로', '그 정도로 예민하긴', '농담으로 한 말인데').
③ 회피: 다른 사람을 탓하거나 책임을 뒤로 미룬다('길이 막

해서', '담당자를 불러오겠습니다').
④ 비난: 피해를 본 상대방을 탓하며 오히려 화를 낸다('설명을 더 쉽게 해줬어야지', '들은 대로 한 것뿐인데').

하나같이 인간관계 회복과 거리가 먼 표현이다. 이 파트에서 소개하는 손해 보는 표현은 자기도 모르는 사이 상대방에게 그런 인상을 주는 것들이다. 나는 사과하고 있는데 상대방은 화를 내고 사태는 더욱더 나빠진다. 위에서 언급한 표현만 피해도 인간관계는 완전히 달라질 것이다.

사과할 때는 인정과 위로와 성의를 보여라

사과해야 하는 상황을 "죄송합니다" 하나로 해결하는 사람은 드물 것이다. 대부분 상대방의 마음을 돌리기 위해 여러 가지 요소를 조합해 소통에 소통을 거듭한다. 정중한 말투로 상황을 설명하기도 하고, 철저한 대책과 개선을 약속하기도 한다. 굽히는 자세로 동정심에 호소하는 사람도 있을 것이다. 접근법은 제각기 다르지만 다음 세 가지는 꼭 명심해야 한다.

① 인정한다: 원인과 책임이 자신에게 있다는 사실을 분명히 인정한다.
② 위로한다: 피해를 주거나 감정을 상하게 한 것에 대해 상대방을 달래준다.
③ 성의를 보인다: 지금 당장 할 수 있는 일이나 앞으로의 대응을 성심껏 보여준다.

가장 먼저 해야 할 일은 인정이다. 자기 책임이 아니라고 발뺌하기만 하면 상대방의 마음을 움직일 수 없다. 그리고 한 번 닫힌 마음은 아무리 용서를 빌고 보상을 약속해도 다시 열리지 않는다. 물론 곧바로 사과부터 하는 사람도 많지만 "죄송하게 생각합니다"라는 말만 들어서는 생각만큼 기분이 풀리지 않는다. 어딘지 모르게 남의 일처럼 여기는 느낌이 들기 때문이다. 반성하는 마음은 "제 잘못입니다. 죄송합니다"라고 책임 소재를 명확히 할 때 비로소 전해진다.

그다음 상대방을 다독인다. 잘못을 저질러 남에게 폐를 끼쳤다면 마음을 다독이고 사과해야 한다. 노력 하나 없이 사과만 하는 것은 자기중심적인 행동처럼 비칠 수 있다. 자신이 어떤 문제를 일으켰는지 스스로 알고 있다는 것을 상대방에게 알리는 목적도 있다. 상대방이 화가 난 이유는 당신이 회의 시간에 늦어서가 아니라 당신이 늦는 바람에 바쁜 시간을 쪼개가며 기다려야 했던 클라이언트가 마음에 걸려서일지도 모른다. 상대방이 왜 화내는지, 무엇이 마음에 들지 않는지 충분히 고민한 다음 사과하는 말을 건네자. 이때 포인트를 잘못 파악하면 불난 집에 기름을 붓는 격이다.

감사를 통해 사과의 말을 전하는 방법도 있다. 당신이 중요한 회의에 지각했는데 다른 참가자들이 당신이 올 때까지 기다리거나 발표 순서를 바꿔주는 등 융통성 있게 대응했다고 하자. 이럴 때는 감사하는 마음을 제대로 표현해야 한다. 상대방의 훌륭한 행동이나 관용을 놓치지 않고 고맙게 여기는 게 곧 사과의 마음을 전하는 일이다.

마지막으로, 성의를 보여야 한다. 대책을 내놓거나 보상을 제시하는 것만 성의는 아니다. 사태가 커지기 전에 곧바로 사과하기, 개선을 약속하기, 메일이나 메시지 대신 편지를 보내거나 얼굴을 맞대고 사과하기, 한번 사과하고 용서를 받았더라도 다음번에 만났을 때 또다시 사과하기 등 성의를 보이는 방법은 다양하다. 이 부분을 얼렁뚱땅 넘어가면 상대방은 당신이 진심으로 반성하지 않는다고 생각할 것이다.

01
열심히 했지만 실수한 결과에 대해 사과할 때

어쨌든 열심히 했지만….

이런 부분에서 제 노력이 부족했습니다.

일하다 보면 누구나 실수할 때가 있다. 최선을 다한 건 잘한 일이지만 실수한 결과 자체를 언급해도 되는 사람은 사과를 받는 사람뿐이다. "열심히 했지만…"이라는 말은 사과하는 사람이 사용하면 책임을 피하기 위한 변명으로 들린다. "어쨌든 열심히 했지만"이라는 말에는 자신은 노력했다는 자기방어적인 뉘앙스가 포함되어 있다. 자연히 듣는 사람은 할 수 있는 일은 다 해봤지만 어쩔 수 없었다며 외부 요인을 탓하는 듯한 인상을 받을 수 있다.

물론 그런 의도로 말하는 사람은 없을 것이다. 어디까지나 사실을 설명하기 위해 고른 말일지도 모른다. 하지만 정말 순수한 마음에서 나온 말일까? 당신을 가엾게 여긴 상대방이 괜찮다느니, 수고했다느니 하는 말로 위로해주기를 기대한 건 아닐까? 하는 수 없다며 일단 넘어가주기를 은근히 바란 것은 아닐까?

자신에게 부족한 부분을 인정하려면 용기가 필요하다. 그렇기 때문에 책임을 순순히 받아들이는 자세는 다른 사람의 마음을 움직인다. "이러이러한 부분에서 제 노력과 실력이 부족했습니다"라고 이야기해보자. 자신의 한계를 인정하는 것은 약점이 아니라 성장으로 향하는 길이다.

02
문제의 자초지종을 설명할 때

우리는 종종 상대방을 안심시키기 위해 "불행 중 다행으로…"라는 표현으로 말문을 열 때가 있다. 이는 안 하느니만 못한 사과 표현 중 하나다. 문제를 축소화하려는 의도가 담겼기 때문이다. 이미 일어난 문제가 어떤 영향을 미칠지는 사과하는 사람뿐만 아니라 사과받는 사람도 함께 판단해야 하기 때문이다.

당신은 대수롭지 않은 문제라고 판단해 불행 중 다행이라고 말했는데 상대방은 손해가 막심하다고 생각했다면 두 사람 사이에 인식의 격차가 발생한다. 상대방은 당신이 문제를 진지하게 받아들이지 않는다는 생각에 당신에 대한 신뢰가 떨어질 수 있다. 그리고 어쩌면 당신이 모르는 사이 사태는 눈덩이처럼 커졌을지도 모른다. 문제가 발생했을 때는 성실히 대응해야 한다. 그렇지 않으면 신뢰 관계를 쌓기는커녕 오히려 망가뜨릴 수 있다.

사과와 함께 보고해야 할 일이 있을 때는 객관적인 사실만 전해야 한다. 원인과 경위도 사실에 포함된다. 일에 대한 해석은 뒤로 미루자. 영향이 미치는 범위에 대한 합의가 이미 끝났다면 해석을 덧붙여도 된다. 대책 마련에 참고할 만한 의견, 아이디어, 예측 등도 좋지만 무엇이든 간에 사실이 먼저다.

03
부하 직원의 실수에 대신 사과할 때

저희 쪽 직원이 잘못했습니다.

이 상황들은 모두 제 책임입니다.

부하 직원이 실수를 하거나 다른 부서 때문에 문제가 생겼을 때, 내가 대신 사과를 해야 하는 경우가 있다. 이때 다른 사람을 탓하는 말은 매우 위험하다. 사태를 수습해야 할 시점에 남에게 책임이나 떠넘기는 것처럼 보이므로 좋은 점이라고는 하나도 없다. "다른 부서에서"라느니, "발주처 문제로"라느니 하는 말도 사실관계를 설명하려는 것처럼 보이지만 자신이 직접적인 원인은 아니라는 것을 알리기 위한 자기방어에 가깝다는 점에서 안 좋은 인상을 준다.

가장 큰 문제는 그렇게 언급된 사람은 당신에게 실망할 거라는 점이다. '이 사람은 정작 중요할 때 책임을 져주지 않는구나'라고 여긴다. 그렇게 되면 당신에게 득 될 것은 하나도 없다. 단순히 팀워크에 금이 가는 것으로 끝나지 않는다. 쌓는 데 10년, 무너지는 데 하루라고, 힘들게 쌓아 올린 신뢰 관계가 한순간에 무너질 수 있다.

'내가 그 사람을 담당자로 앉혔으니까', '클라이언트와 매일 연락해야 하는 내가 중간에 확인하지 않았으니까' 하는 마음을 갖고 사과하자. 어떤 경영자는 "천재지변으로 실적이 나빠져도 내 탓이겠거니 생각하려고 노력한다"라고 말했다. 이는 경영자의 마인드니 논외로 치더라도, 사과해야 할 상황을 불러일으킨 것은 다름 아닌 자기 자신이라는 의식을 마음에 새기도록 하자.

04 실패의 원인을 아직 모를 때

원인은 밝혀지지 않았습니다.

원인은 조사 중입니다.

사실 앞의 두 문장이 말하려는 내용은 같다. 원인을 아직 모르겠다는 뜻이다. 하지만 "원인은 조사 중입니다"라는 표현을 추천하는 이유는 지금 내가 어떤 행동을 취하고 있는지 상대에게 명확히 알릴 수 있기 때문이다.

문제의 원인을 조사하고 있다는 사실을 알리면 상대방도 일단은 마음을 놓을 수 있다. 이때 '굳이 말 안 해도 알잖아'라는 생각은 버려야 한다. 문제가 발생하면 당연히 원인에 대한 조사가 이뤄지고, 대책이 마련될 것이다. 아무리 당연한 사실이라 하더라도 말로 알리지 않으면 상대방은 한 치 앞도 보이지 않는 상황 속에서 불안감을 키울 수밖에 없다. 조사 중이라는 사실을 말로 하기만 해도 상대방은 걱정하던 문제가 해결되는 밝은 미래를 상상하고 당신을 신뢰하게 된다.

물론 매우 중대한 일이라면 "조사 중입니다"라는 말만으로는 의혹을 완전히 지울 수 없다. 이때는 태스크포스팀을 편성해서 원인을 규명 중이라느니, 이러이러한 전문가를 초빙했다느니 하면서 구체적인 대책을 알리는 것이 좋다. "이런 내용이 밝혀졌는데 그것이 근본적인 원인인지는 아직 결론 내리지 못했다"라고 논의 과정의 일부를 공유하는 방법도 있다. 상대방도 내가 보여주기식 조사를 하는 게 아니라 문제와 정면으로 맞서고 있다고 느낄 것이다.

05
처음 사과의 말을 꺼낼 때

사과드립니다.

사과드리려고 하는데 시간을 내주실 수 있을까요?

문제가 발생하면 지나치다 싶을 정도로 철저하게 진압하는 게 좋다. 꺼진 불도 다시 보는 것이다. 앞뒤 재지 말고 상대방을 만나러 가라는 뜻은 아니다. 당장 대책을 실행해도 좋고, 내실을 단단히 다져도 좋으니 어영부영 사과하고 그걸로 전부 해결되었다고 생각하지 말자는 뜻이다.

특히 앞으로도 얼굴을 마주해야 하는 사이라면 미심쩍은 구석이나 응어리를 남겨서는 안 된다. '굳이 이렇게까지 해야 하나' 싶을 정도로 대처하는 것이 좋다. 사람은 한 번 실수했다고 관계를 끊을 만큼 차갑지 않지만, 한 번 더 실수한 사람을 이전과 똑같이 신뢰할 만큼 무르지도 않기 때문이다.

만일 당신이 사과해야 할 상황에서 별다른 성의를 보이지 않고 적당히 용서를 구하고 넘어갔다고 하자. '이걸로 끝인 건가', '정말 반성하고 있기는 한 건가' 하며 의구심을 가질지언정 곧바로 관계를 끊을 만큼 단호한 사람은 드물다. 하지만 이후 사소한 실수라도 하게 된다면 상황은 급격하게 나빠진다. '역시 그때 믿지 말았어야 했어'라며 의심이 확신으로 바뀌기 때문이다. 이를 예방하려면 처음 사과할 때 철저하게 대응하는 것이 중요하다.

06
일단 무조건 사과부터 해야 할 때

잠깐 이야기 좀 할 수 있을까요?

제 잘못에 대해 말씀드리겠습니다.

무조건 사과해야 하는 보고를 앞두고 있다면 누구라도 피하고 싶을 것이다. 그 마음은 이해한다. 하지만 그럴 때는 미리 마음을 단단히 먹는 것이 좋다. 말로 이뤄지는 커뮤니케이션에는 존댓말과 반말 같은 언어 예절뿐만 아니라 어조(tone)라는 것이 존재한다. 진지한 논의를 할 때와 재미있는 일화를 이야기할 때 말투가 다른 것처럼 말이다. 이런 어조를 잘못 사용하면 상대방이 이야기를 나의 의도대로 받아들일 수 없다.

무조건 사과해야 하는 상황을 앞두고 있다면 가벼운 어조로 이야기하면서 별일 아니라는 분위기로 유도하고 싶을 것이다. 하지만 가볍게 말한다고 해서 상대방의 화가 가벼워지는 것은 아니다. 어조를 적절하게 조율하면 상대방도 상황에 맞는 자세로 이야기를 듣게 된다. 단순히 진행 상황을 공유하는 자리인 줄 알았는데 중요한 의사결정이 필요한 상황이었다느니 하는 혼선도 생기지 않는다.

"제 잘못에 대해"라는 말은 진지하면서 책임감이 느껴지는 표현이므로 평소에는 "안 좋은 소식이 있습니다"와 같이 좀 더 가벼운 표현으로 바꿔도 된다. 참고로 "큰일입니다"와 같이 좋은 일에도, 나쁜 일에도 쓸 수 있는 표현으로 운을 떼면 오히려 상대방을 혼란스럽게 만들 수 있다.

07
위급한 문제 상황에 대응할 때

검토하겠습니다.

이런 대응을 취하겠습니다.

위급한 상황일수록 심사숙고보다 빠른 행동이 문제를 해결하고 신뢰를 얻는 데 도움이 된다. 그저 "검토하겠습니다"라고 말하면 아직 아무런 대응도 하지 않았다는 인상을 주고, 문제가 해결되기까지 한참 더 기다려야 하는 것처럼 들릴 수 있다. 반면 "이런 대응을 취하겠습니다"와 같이 명확한 행동을 제시하면 상대방을 안심시킬 수 있다.

그렇다고 해서 지금 취하고 있는 행동을 보여주기만 하면 되는 것도 아니다. 누가 들어도 같은 이미지를 떠올릴 수 있도록 육하원칙(누가, 언제, 어디서, 무엇을, 어떻게, 왜)을 곁들여야 한다. 자주 쓰이는 애매한 표현에는 다음과 같은 것들이 있다.

- 동사: 검증하다, 확인하다, 추진하다, 점검하다, 관리하다
- 기준 관련 표현: 충분히, 제대로, 확실히, 어느 정도
- 시간 관련 표현: 최대한 빨리, 신속하게, 금방, 조만간, 며칠 내로
- 사람 관련 표현: 관계자, 책임자, 담당자

사내에서만 통용되는 용어나 일반적으로 잘 쓰이지 않는 전문 용어도 조심해야 한다.

> 08

상대방에게
용서를 구할 때

용서해주세요.

반드시 복구하겠습니다.

사과하는 사람이 무언가 '받는' 입장이 되는 것은 좋지 않다. 용서를 받거나 확인을 받거나 도움을 받는 등 수동적인 자세가 느껴지면 상대방은 당신에게 일을 맡기지 않을 것이다. 의지가 약해 보일 뿐만 아니라 사태를 어떻게 개선할지 구체적인 이미지가 떠오르지 않기 때문이다.

따라서 용서를 구할 때는 스스로 할 수 있는 행동을 약속이라는 형태로 제안하자. "용서해주세요"라고 말하는 대신 무슨 일이 있어도 복구하겠다고 나서고, "제안할 기회를 한 번만 더 주세요"라고 말하는 대신 개선책을 언제까지 실행할 것을 약속한다. 구체적으로 어떤 일을 할 생각인지 보여주는 것이다.

당신의 진심을 알릴 수 있도록 "반드시", "○일까지" 같은 의지와 기한을 덧붙이는 것도 중요하다. 아무리 굳은 의지라 하더라도 말로 표현하지 않으면 상대방에게 전해지지 않는다. '말하지 않아도 알아주겠지' 하는 마음가짐은 위에서 지적한 수동적인 자세다. 능동적인 사람이 되어야 한다.

다만 직면한 문제와 관계없는 사안으로 실수를 메우려고 해서는 안 된다. 따로 진행 중인 사안으로 실수를 만회하고 싶다면 눈앞에 닥친 문제를 먼저 해결한 뒤에 이야기해야 한다.

CHAPTER 13

평범한 말에 매력을 더하는 말하기 기술

카피란 이상과 현실의 틈을 메우는 말

이 파트에서는 평범한 말을 사람의 마음을 움직이는 말로 바꾸는 카피라이팅 기법에 관해 설명하려고 한다. 기획서부터 프레젠테이션, 협상, 광고 문구까지 두루 사용할 수 있는 기법이다. 전하고 싶은 것은 많지만 시간과 공간이 한정되어 있는가? 한 글자라도 적은 표현으로 자신의 의도를 전하고 싶은가? 자신의 의도를 더 알기 쉽게, 더 공감되는 형태로 전하고 싶은가? 한 줄짜리 카피를 쓰기 위해 고민에 고민을 거듭하는 과정은 그 답을 줄 수 있을 것이다.

신입사원 연수를 마치고 난 후 나는 카피라이팅 부서를 위한 심화 연수에 참가했다. 당시 쓰던 노트를 지금까지도 소중히 간직하고 있는데, 지금 돌이켜봐도 영문을 알 수 없는 수업의 연속이었다. '시부야에 있는 월세 3만 엔짜리 허름한 맨션에서 카피 쓰기', '곰을 동물원의 인기 동물로 만들기', '회식 안내 포스터 만들기', '오코노미야키로 카피 쓰기' 등.

멘토는 30개 주제에 관해 카피를 각각 100개씩 만들어오라는 과제를 주기도 했다. 또는 해외 광고상 10년 치 수상작을 폭포수처럼 맞으며 기법을 분석하는 수업이 있는가 하면, 반대로 어떤 한 해의 비(非) 수상작만 놓고 토론하는 수업도 있었다. 아트 디렉터와 팀을 이뤄 광고상에 도전하기도 하고, 송별회 포스터를 만들어서 사무실에 붙이기도 했다. 강의와 실기와 실무를 병행하면서 요령을 스스로 낚아채는 나날이었다.

그전까지 나는 카피라이팅을 '멋지게 말하는 것' 정도로 생각했다. 카피를 쓰기 위한 수사학이 따로 있고, 화려하고, 무언가 그럴듯한 말을 만드는 일이라고 말이다. 하지만 현실은 달랐다. 카피라이팅이란 클라이언트가 안고 있는 과제를 말로 해결하는 과정, 다시 말해 설득하는 말에 가까웠다.

상품이나 서비스를 세간과 관계 속에서 긍정적인 것으로 만들려면 사람들의 마음을 움직여야 한다. 맞는 말이라 해도 재미가 없으면 사람들의 귀에 닿을지언정 마음을 움직이지 못한다. 가식적인 것, 흔하디흔한 것은 사람들의 귀에 닿지도 않는다. 칭찬해도 좋고, 깎아내려도 좋지만 결과로 이어지지 않으면 아무 의미가 없다.

클라이언트에게 해결해야 할 과제가 있다는 것은 바라거나 목표로 하는 이상이 있고, 이상과 다른 현실이 있다는 뜻이다. 그 사이에는 불충분, 불만, 불평, 불쾌, 불안, 불명확, 불공평, 불행, 불확실, 불이익, 불리 등 다양한 '불(不)'이 존재한다. 이런 벽과 맞서 싸우면서 현실을 이상에 가깝게 만드는 것이 카피라이팅이다.

카피라이팅의 4단계

카피는 길이가 짧다 보니 번뜩 떠오른 문구를 다듬는 것이라는 선입견이 뿌리 깊이 박혀 있다. 하지만 알고 보면 누구나 구사할 수 있는 말을 사용하면서 의외인 표현을 더하기만 하면 된다. 자동차를 만드는 데 공정이 있는 것처럼 카피 작성에도 다음과 같은 과정이 있다.

① 수집: 해결할 과제를 자세히 조사하고 정보를 정리한다.
- 상품 검토: 상품이나 서비스의 특징, 강점, 독자성 검토
- 경쟁자 분석: 경쟁사는 무엇을 내세우는가? 생각지 못한

경쟁자는 없는가?
- 과거 사례 수집: 과거 사례는 어떻게 성공할 수 있었는가? 다른 영역에서 비슷한 사례를 찾을 수 있는가?

② 관찰: 수집한 정보를 되새기면서 힌트를 얻는다.
- 타깃 이해: 타깃은 어떤 사람이고, 어떤 고민이 있고, 무엇을 좋아하는가?
- 시장 동향 파악: 시장의 트렌드, 새로운 기술, 사회 문제와 관심사를 파악한다.
- 인사이트 도출: 타깃이 갖고 싶어 하지만 손에 넣지 못하는 것은 무엇인가?
- 성공 법칙 분석: 잘된 사례나 다른 영역에서 성공의 비결을 배운다.

③ 고안: 다양한 방면에 걸쳐 구체적으로 언어화한다.
- 추상화: 과제를 큰 규모로 받아들이고 해결해야 하는 과제를 정리한다.
- 분해: 과제를 분해해 작은 문제의 조합으로 바꾼다.
- 작문: 콘셉트를 언어로 표현한다. 다양한 표현으로 바꿔

보면서 문장을 갈고닦는다.
- 축적: 아이디어의 질을 좌우하는 것은 양이다. 끈질기게 매달리며 개수를 늘린다.

④ 검증: 완성된 카피가 정말 유효한지 냉정하게 판단한다.
- 부감: 타깃도, 클라이언트도 아닌 제3자의 눈으로 바라본다.
- 부정: 억지로 아이디어의 단점을 찾아낸다.
- 시험: 평가 모델 등을 통해 실제 효과를 확인한다.
- 설명: 아이디어를 다른 사람에게 설명한다. 좋은 아이디어는 한마디로도 전해진다.

이 중 세 번째 '고안'을 어려워하는 사람이 많지 않을까 싶다. 하지만 알고 보면 생각의 실마리를 아직 발견하지 못한 것뿐일지도 모른다. 이는 수학 공식도 모르면서 증명 문제에 매달리는 것이나 마찬가지다.

묘사보다 제안, 추상화보다 구체화, 설명보다 발견

현실을 바꾸고 이상에 가까워지려면 둘 사이에 있는 수많은 '불(不)'을 없애야 한다. 따라서 가장 기본적인 접근법은 '불'에 대한 제안이다. 이는 기존 분야에서 신제품 판매를 촉진하거나 성장이 정체되기 시작했을 때 기폭제로 사용할 수 있는 방법이다.

불만을 가진 사람이 있으면 해결책을 제안하고, 불쾌감을 느끼는 사람이 있으면 해소법을 제안한다. 상품의 장점만 묘사하면 타깃은 이미 대용품을 많이 알고 있으므로 괜찮아 보인다고 느낄 수는 있어도 공감이나 납득은 되지 않는다.

탈취 스프레이를 단순히 냄새를 없애는 용도로만 홍보하면 누구나 아는 사실을 묘사하는 것에 그치지만, '세탁기에 넣을 수 없는 패브릭 제품에서 갓 빨래한 듯한 향기'와 같이 표현하면 새로운 제안이 된다. 제품이 상대방의 생활을 어떻게 바꿀 것인지, 왜 상대방을 위한 것인지 혜택을 강조하는 것이다.

두 번째 접근법은 구체화다. 합리적인 가격, 아름다움, 풍미, 편의성, 접근성 등 상품에는 여러 가지 장점이 있다. 하지만 상대방에게 알기 쉽게 설명하려다 보면 자기도 모르는 사이 같은 매력을 같은 말로 표현하는 동질화에 빠지기 쉽다. 새롭게 선보이는 탄산음료를 '시원한 맛'이라는 카피로 홍보하면 기존의 다른 탄산음료와 무엇이 다른지 전해지지 않는다. '지금까지 없었던 시원함'이니, '스트레스가 싹 날아가는 시원함'이니 하고 강조해봐야 발에 치일 정도로 널린 최상급 표현 사이에서 얼마 안 가 묻히고 만다.

여타 제품과 딱히 다를 바 없다고 느끼는 순간 유명한 제품이나 저렴한 제품으로 손이 가는 것이 인간의 본성이다. 돈과 시간을 들이는 이상 실패하고 싶지 않기 때문이다. 여타 제품과 차별화되는 지점이 있는데 덜 알려졌거나, 너무 혁신적이라 사람들 사이에 스며들지 못했거나, 무엇을 추구했는지 알리고 싶을 때는 구체화하는 것이 좋다. 눈에 확 들어오는 숫자를 사용하는 것이 정석이지만, 다양한 매력을 전부 설명하는 대신 범위를 좁혀도 다른 제품과 차별화할 수 있다. '아침 전용 캔 커피'처럼 제품이 유용하게 쓰이는 장면을 손에 잡힐 듯이 생생하게 표현하는 방법도 있다.

이런 아이디어는 제품의 특징이나 판매자가 염두에 둔 활용 사례를 꼼꼼히 조사해두지 않으면 좀처럼 떠오르지 않을 것이다. 데스크 리서치(인터넷을 활용한 정보 수집)는 물론 직접

매장에 가서 보거나, 개발자의 의견을 듣거나, 실제로 사용해 보면 현실성이 높아진다.

마지막 세 번째 접근법은 발견이다. 상품이나 서비스의 새로운 측면을 끌어내 "듣고 보니 그렇네"라는 감상을 불러일으키는 것이다. 그 예로 '나는 700℃의 불을 들고 사람들 사이를 스쳐 지나간다'라는 일본담배산업(JT)의 공익 광고가 있다. 걸으면서 담배를 피우면 안 된다는 사실은 누구나 알지만, 섭씨 700도의 불을 들고 다닌다는 표현에 그것이 얼마나 위험한 일인지 새삼 실감하게 된다.

발견이 있는 카피는 힘이 세다. 놀라움과 동의가 함께 일어나면 기억에 오래 남기 때문이다. 대신 난이도도 높다. 생각에 생각을 거듭해야 한다고만 말하면 아쉬울 테니 몇 가지 접근법과 단서를 소개하겠다.

- 시대법: 코로나19, 저출산 고령화 등 오늘날에 맞는 가치를 찾는다.
- 영웅법: 해당 제품이 어떤 사람에게 보물처럼 여겨질지 상상해본다.
- 카테고리 명명법: 경쟁 제품까지 포함하는 분야 자체에

이름을 붙인다.
- 모티브법: 전통적인 것부터 최신 트렌드까지 가리지 않고 모티브로 삼는다.
- 발췌법: 제품을 구성하는 작고 소소한 포인트를 따로 떼어내 본다.
- 부정법: 상식과 통설을 의심하고 부정해본다.
- 재발견법: 탄생에 얽힌 일화나 이미 잘 알려진 장점 등 원점을 다시 살펴본다.
- 고민법: 최근 자신의 고민과 억지로라도 연결해본다.

어느 접근법이든 긍정적인 감정과 부정적인 감정을 오가며 검토하는 것이 중요하다. '이건 무조건 통한다'라고 자신만만해하다가도, '이 정도는 누구나 알고 있을 거야'라며 망설여질 때가 있다. 그러다 보면 머릿속을 맴도는 착상이 생기는데, 그것이 곧 새로운 발견일 때가 많다.

이 파트는 나의 말에 매력을 더할 수 있는, 일명 보너스 스테이지와 같다. 앞의 파트에서 설명한 말투의 기술을 먼저 익히고 난 뒤, 천천히 습득할 것을 권한다.

01
제품의 타깃을 명확히 할 때

기능이 간단한 스마트폰

전화 걸고 받기가 어려운 사람을 위한 스마트폰

제품의 특징을 묘사할 때, 있는 그대로 묘사하지 말고 그 특징이 누구에게 어떤 도움을 줄 수 있는지 먼저 생각하는 것이 좋다. 기능이 간단하다는 특징이 어떤 수요층의 어떤 '불편함'을 없앨지 상상해보는 것이다.

이때 비슷한 표현으로 바꿔 말하는 선에서 만족하면 안 된다. 누구나 쉽게 사용할 수 있다느니, 설명서가 필요 없다느니 하는 표현이 떠오를 테지만 어느 쪽이든 기능이 간단하다는 특징을 바꿔 말한 것뿐이다. 설명서가 필요 없다는 말에 좋아하는 사람도 있기야 하겠지만, 그것만으로 구매를 고려하는 사람은 거의 없지 않을까. 간단하다고 하면 흡인력이 약하고 단순 묘사에 그친다. 생활 속 어떤 장면에서 무엇을 바꿀 수 있는지까지 상상하게끔 만드는 것이 제안이다.

'전화 걸고 받기가 어려운 사람을 위한 스마트폰'이라는 문구는 제품이 누구에게 도움이 되는지 명확하게 보여준다. 전화 거는 것도, 받는 것도 어려운 사람들을 대상으로 즉각적인 해결책이 나왔다고 홍보하는 것이다. 기능이 많고 복잡한 스마트폰과 달리 정작 중요할 때 배터리가 떨어지지 않는다는 등 한층 더 현실적이고 구체적인 상황을 강조해도 좋다.

여타 복잡한 스마트폰과 선을 긋고, 간단한 기능이 가져다 주는 가치를 보여주자. 설명과 설득을 동시에 하는 것이다.

02
상대방에게 동기부여할 때

정기적으로 치과 검진을 받읍시다.

가장 아프지 않은 치료는 검진입니다.

중요성은 알지만 게을리하게 되는 것이 있다. 운동, 다이어트, 일찍 자고 일찍 일어나기, 기부, 금연 등이다. 인간은 그저 날 때부터 약한 존재일지도 모른다. 그런 점에서 '정기적으로 치과 진료를 받읍시다'라는 문장은 지극히 계몽적이다. 가야 하는 것은 누구나 알고 있다. 하지만 듣는 사람이 행동하게 만들려면 강한 동기부여가 필요하다.

이럴 때 장점에서 출발하면 고전하기 쉽다. '충치를 예방하려면', '나이 들어도 자기 치아로 먹으려면' 같은 말은 굳이 하지 않아도 다들 알고 있다. 치과에 가기 싫은 이유, 그중에서도 가감 없는 본심을 생각해보자. 아플까 봐 싫다, 드릴 소리가 무섭다, 예약하기 귀찮다, 차가운 분위기가 싫다, 의사에게서 혼날 것 같다 등. 이처럼 부정적인 본심에 호소하려면 어떤 제안이 필요한지 고민하는 것이다.

'가장 아프지 않은 치료는 검진입니다'라는 문장은 검진 자체는 아프지 않다는 사실을 강조한다. '출근 전 15분이면 끝'이라는 문장은 오래 걸리지 않는다는 사실을 알린다. 둘 다 본심과 정면으로 마주하는 표현인 만큼 행동으로 이어질 확률이 크다. 먼저 그 일을 해야 하는 이유를 생각한 다음, 그 일을 하지 않게 만드는 요인을 폭넓게 나열해보자.

03
제품의 다양한 기능을 강조할 때

영양 만점 젤리

간식도 되고 영양제도 되는 젤리

영양 젤리를 먹고자 하는 사람의 고민은 무엇일까? 단순히 부족한 영양소를 보충하려는 생각이라면 '영양 만점 젤리'라는 카피만으로도 귀가 솔깃할 것이다. 하지만 '영양 만점 젤리'도 영양분이 들어 있다는 특징을 묘사하고 있을 뿐이다. 일반적인 건강식품과 다르지 않다. 일상에서 젤리가 어떤 도움을 줄 수 있는지 모호해서 그다지 끌리지 않는다.

이럴 때는 상대방의 불만, 다시 말해 상대방이 구시렁거리는 목소리를 상상해보자. 헬스장은 다니지 않아도 운동 삼아 반려동물을 산책시키고 있다, 건강에 대한 지식은 적지 않다고 자부한다, 프로틴 셰이크처럼 본격적으로 보충제를 챙겨 먹는 정도는 아니지만 식단 기록 앱을 꾸준히 쓰면서 균형 잡힌 식사가 얼마나 힘든지 실감하고 있다, 날씬해지고 싶다기보다 현재 상태만이라도 유지하고 싶다, 식단이 너무 엄격하면 작심삼일로 그치니까 가끔은 간식도 즐기고 싶다 등 이런 사람을 만족시키려면 어떤 해결책을 제시해야 할까?

이때 '맛있는데 몸에도 좋은 젤리'라고만 하면 특징을 묘사할 뿐이지만 '간식도 되고 영양제도 되는 젤리'라고 하면 다르게 보인다. 젤리를 한 가지 카테고리에 가두지 않고 여러 기능을 수행하는 제품으로서 새로운 포지션을 부여하고 있기 때문이다.

04
구체적인 정보로 제안할 때

자료 조사 시간을 줄여줍니다.

업무 중 자료 조사에 드는 시간은 주 평균 8시간!

지금부터 설명할 접근법은 구체화다. 첫 번째 요령은 간단하다. 육하원칙을 고려하면서 대상에 대한 정보를 최대한 많이 써본다. 그중에서 당장 해결해야 하는 과제를 고르면 된다.

나는 유튜브에서 스타트업의 프레젠테이션 영상을 자주 보는데, 그중 이해하기 쉬운 발표는 대체로 과제가 얼마나 중대하고 심각한지 발표 앞부분에서 설명하고 있었다. 자투리 시간에 아르바이트를 할 수 있다는 이점을 설명하기 전에, "일손이 부족해지면서 반년 전부터 근무 시간표가 꽉 차는 직원이 생기고 있다" 같은 말로 공감을 불러일으키는 것이다.

'자료 조사 시간을 줄여줍니다'라는 말만으로는 무엇을, 어떻게, 얼마나 효율화할 수 있는지 와닿지 않는다. 상대방이 '자료 수집에 뭐 얼마나 걸린다고'라고 생각한다면 효과를 아무리 설명해도 소귀에 경 읽기다. 반면 서류나 데이터를 찾는 데 주 평균 8시간이나 쓰고 있다는 말을 들으면 사태가 얼마나 심각한지 확 와닿는다. 구체화한 정보는 상대방의 마음에 강한 인상을 남기고 단숨에 경청 스위치를 누르는 힘이 있다.

막연한 이점도, 상세한 정보도 아닌 과제의 원래 크기를 구체적으로 보여주어라. 제안이 지닌 가치를 더욱 효과적으로 전하는 방법이다.

05
매력 포인트를 좁혀 강조할 때

맛이 뛰어난 라멘

소금 본래의 감칠맛을 추구했습니다.

당연하지 않았지만 어느샌가 당연해진 정보가 있다. 식당이라면 깨끗하면서도 음식이 맛있어야 하고, 옷이라면 저렴하면서도 품질이 좋아야 한다. 기업이 품질을 꾸준히 높인 결과, 원래라면 대단한 것이 그다지 새삼스럽지 않게 느껴지게 되었다.

'맛이 뛰어난 라멘'이라는 문구는 상품의 높은 품질을 강조한다. 하지만 요리사라면 누구나 추구하기 마련인 맛이라는 요소를 있는 그대로 묘사하는 것에 불과하다. 결국 다른 라멘과 별 차이 없다는 인상을 준다.

이럴 때 필요한 것이 구체화다. 강조하고 싶은 매력을 좁히는 것이다. 단순히 "면과 국물과 고명에 신경 썼습니다"라고 말하면 다른 라멘과 무엇이 다른지 알 수 없으므로 '국물의 감칠맛'에 초점을 맞춘다. 어떤 재료를 쓰고, 어떤 조리법으로 만들었는지 강조하는 것도 좋다. 자신의 철학을 언어화하거나, 경쟁사를 분석해 업계에서 흔히 쓰이는 표현을 반면교사로 삼는 방법도 있다. 단골이나 일반 손님의 의견을 모아도 색다른 발견이 나온다.

추구하는 요소를 하나만 골라 그것을 차별화 포인트로 삼아보자. 외식업뿐만 아니라 경쟁이 치열한 분야에서 효과적인 방법이다.

06 관점을 바꿔 제안할 때

새로운 홈웨어 기획

사랑하는 사람에게만 보여주는 옷

'듣고 보니 그렇네'라고 생각하게 되는 새로운 관점을 제공하는 접근법이 앞에서 설명한 재발견법이다. 홈웨어는 집 안에서 입는 옷이니까 편해야 한다는 것이 일반적인 관점이다. 이런 관점에서 쓴 카피는 '그래서? 이미 알고 있는 사실인데?'라는 감상밖에 주지 못한다. 아이디어를 발전시키려고 해도 금세 막다른 골목에 부딪힌다. 새로운 답은 새로운 질문에서 나오는 법. 프로젝트의 주제를 '새로운 홈웨어 기획'이 아니라 '사랑하는 사람에게만 보여주는 옷'이라고 설정해보자.

그러면 아이디어의 실마리는 어디서 찾아야 할까? 사업 과제에 따라 달라지지만 여기서는 '관점 뒤집기'로 접근해보자. 홈웨어는 보통 다른 사람에게 보여주지 않는 실내복이라고 여겨지는데, 누군가에게 보여주기 위해 입는 옷이라고 생각해보자. 또한 교체하는 빈도가 적다는 이미지가 있으므로 자주 갈아입는 것을 전제로 삼아본다. 편해야 하는 옷인 만큼 촉감이 중요한데, 반대로 각 잡힌 홈웨어는 어떨까?

이런 식으로 관점을 180도 뒤집으면 새로운 질문이 나온다. 재발견법은 일이나 사물에 대한 관점을 바꿔준다. 무언가를 보는 관점이 바뀌면 자연히 생각의 회로도 달라진다. 제품의 매력을 선보일 때뿐만 아니라 색다른 아이디어를 떠올리고 싶을 때도 활용할 수 있는 방법이다.

07 상대방이 잘 모르는 것을 소개할 때

저렴한 가격의 식당

요식업계의 유니클로

인용을 통해 발견을 끌어내는 방법도 있다. 낯선 사물을 소개할 때 비교적 잘 알려진 사물에 빗대면 말하는 사람은 편해서 좋고 듣는 사람은 이해하기 쉬워서 좋다. 이처럼 구체적인 모티브를 인용하는 건 일이나 사물을 보는 관점을 바꾸는 동시에 알기 쉽게 설명하는 접근법이다.

우선 구체성이 높아지므로 말하려는 것의 내용과 효과가 금방 머릿속에 떠오른다. 영향력이 큰 모티브를 빌리면 언어만으로 표현하기 힘든 다채로운 이미지를 담을 수 있다. 전국을 대상으로 하는 사업이라거나 높은 성장세가 예상된다는 인식을 주는 것이다.

정석적인 방법은 '장르×기업'으로 사업을 표현하는 것이다. 테슬라, 이케아, 유니클로 등 비즈니스 모델이 독특하고 꾸준히 성장하고 있는 기업이 적절하다. '분야×방법' 조합도 있다. 향수를 정기적으로 배송해주는 서비스를 '향기 구독 서비스'라고 표현하는 식이다. '동사×모티브'도 흔히 볼 수 있다. 냉방 기능이 들어간 옷을 '입는 에어컨'이라고 표현하면 눈길이 간다. 이때 뉴스 제목을 참고하면 좋다. 특히 새롭게 등장한 인기 상품을 어떻게 소개하는지 살펴보면 공부가 된다. 과거 일본에서는 X(구 트위터)가 '미니 블로그'로 통했다. 이처럼 새로운 제품이나 서비스를 알기 쉽게 설명하는 표현을 만들어보자.

08
평범한 대상을 인상 깊게 말할 때

독서 모임

성장 클럽

소개하려는 대상 자체를 표현하는 대신 대상이 속한 분야나 시장에 이름을 붙인다고 생각해보자. 느낌이 완전히 달라질 것이다. 프리미엄 맥주, 글램핑, 패스트 패션(SPA), 하이퍼로컬 플랫폼 등 빠르게 성장하는 분야에는 무조건 이름이 붙는다. 새로운 시장을 떠받치는 사람들에게도 긱 워커, 스팟 워커 같은 이름이 따라온다.

반대로 말하면 사람들은 이렇게 이름이 붙은 것에서 시장이나 수요, 더 나아가 기세를 느낀다고 볼 수 있다. 이런 신조어는 주로 영어 표현이 많지만, 영화나 드라마의 배경이 된 장소를 방문하는 '성지순례'처럼 외국어를 쓰지 않고도 새로운 개념을 설명할 수 있다.

가장 접근성이 좋은 것은 여러 개념을 조합하는 방법이다. 실시간 방송을 활용한 판매 방식을 '라이브 커머스'라고 부르는 식이다. '라이브 방송'을 줄여 '라방'이라고도 한다. 이런 줄임말도 새로운 느낌을 줄 수 있다. 사과를 발효해서 만든 식초, 즉 애플 사이다 비니거를 '애사비'라고 부르는 것이다. 외국어로 번역하면 또 다른 느낌을 주기도 한다. 독서 모임을 '성장 클럽'이라고 하면 캐주얼하면서도 색다른 체험처럼 보이지 않는가. 표현하고자 하는 대상을 특별하게 만들어줄 나만의 방법을 궁리해보자.

에필로그

"사람의 마음을
움직일 수 있도록"

 이 책은 먼 미래가 아니라 지금 당장 어떻게든 커뮤니케이션 문제를 해결하고 싶다는 독자들의 요구에 부응하기 위해 쓰기 시작했다. 물론 커뮤니케이션의 원리를 익히고 꾸준히 연습하는 것은 중요하다. 하지만 다친 사람에게 당장 필요한 것은 "면역력을 높입시다"라는 조언이 아니라 반창고 한 개가 아닐까. 이처럼 즉각적인 효과를 목표로 쓴 이 책이 어려움에 처한 당신에게 조금이라도 도움이 된다면 그보다 더 큰 기쁨은 없을 것이다.

 말에는 사람을 움직이는 힘이 있다. 내가 그 사실을 믿게 된 것은 나 자신부터 말로 인해 마음이 움직인 경험이 있기 때문이다. 고등학교 3학년이었던 나는 전기와 후기 대학 모집 모두 제1 지망 학교에 지원하는 도박을 감행했다. 전기는 불

합격, 남은 것은 후기뿐이었다. 당시만 해도 합격 여부를 온라인이 아니라 전보로 발표했다.

합격이라는 결과를 알리러 학교에 가자 반 친구부터 선생님, 후배까지 자기 일처럼 축하해주었다. '대단해, 축하해, 붙을 줄 알았어, 믿기지 않아, 넌 천재야, 기적이야, 조만간 놀러 갈게' 등 수많은 축하의 말이 쏟아졌다. 집으로 돌아온 나는 할아버지에게도 합격 사실을 알렸다. 그러자 할아버지는 슬쩍 미소 지으며 툭 내뱉었다.

"수고했다."

흔하디흔한 말이었다. 하지만 누구도 해주지 않은, 가장 듣고 싶었던 말이었다. 그 순간 가슴이 벅차오르던 것이 아직도 기억에 남는다.

어떤 상황이든 그런 말이 있다고 생각한다. 울퉁불퉁한 마음에 딱 들어맞는 말. 어려운 말도, 화려한 말도 아니다. 그럴듯하게 과장할 필요도 없다. 수수하지만 거짓 없는 말. 사람은 하고 싶은 말과 듣고 싶은 말이 일치할 때, 비로소 마음이 움직이는 게 아닐까.

책을 덮고 나면 이제는 적용해볼 일만 남았다. 한 마디라도 좋으니 일단 시도해보자. 그런 조그만 한 걸음을 누구보다도 응원하는 것이 바로 이 책이다. 처음에는 어설퍼도 된다. 응용은 익숙해지고 난 뒤에 해도 된다. 말은 입에서 나와 상대방에게 가닿는 동시에 나 자신에게도 와닿는다. 책에서 설명한 요령을 하나씩 적용하는 사이 사고방식과 태도도 조금씩 바뀔 것이다. 진심으로, 여러분이 그런 변화를 즐겼으면 한다.

옮긴이

송해영

경희대학교 국어국문학과를 졸업했다. 산업 및 에너지 분야 전문지 기자를 거쳐 글밥아카데미 출판번역 과정 수료 후 바른번역 소속 번역가로 활동하고 있다.
옮긴 책으로는 《남몰래 거리 두는 관계의 기술》, 《이 회사 더는 못 다니겠다고 생각하면서도 그만둘 수 없는 당신에게》, 《60분 만에 읽는 탄소중립》 등이 있다.

더 이상 오해받지 않는 말투의 기술

초판 발행 · 2025년 7월 4일

지은이 · 후지타 다쿠야
옮긴이 · 송해영
발행인 · 이종원
발행처 · (주)도서출판 길벗
브랜드 · 더퀘스트
출판사 등록일 · 1990년 12월 24일
주소 · 서울시 마포구 월드컵로 10길 56 (서교동)
대표전화 · 02) 332-0931 | **팩스** · 02) 323-0586
홈페이지 · www.gilbut.co.kr | **이메일** · gilbut@gilbut.co.kr

기획 및 책임편집 · 오수영(cookie@gilbut.co.kr), 유예진, 송은경
제작 · 이준호, 손일순, 이진혁 | **마케팅** · 정경원, 정지연, 이지원, 이지현 | **유통혁신** · 한준희
영업관리 · 김명자 | **독자지원** · 윤정아

교정 · 김순영 | **디자인** · 디스커버 | **일러스트** · 호호80887 | **CTP 출력 및 인쇄** · 정민 | **제본** · 경문제책

· 더퀘스트는 (주)도서출판 길벗의 인문교양·비즈니스 단행본 브랜드입니다.
· 이 책은 저작권법의 보호를 받는 저작물로 이 책에 실린 모든 내용, 디자인, 이미지, 편집 구성은
  허락 없이 복제하거나 다른 매체에 옮겨 실을 수 없습니다.
· 인공지능(AI) 기술 또는 시스템을 훈련하기 위해 이 책의 전체 내용은 물론 일부 문장도 사용하는 것을 금지합니다.
· 잘못 만든 책은 구입한 서점에서 바꿔 드립니다.

ISBN 979-11-407-1377-6(03320)
(길벗 도서번호 090284)

정가 18,800원

독자의 1초까지 아껴주는 정성 길벗출판사
(주)도서출판 길벗 | IT단행본, 성인어학, 교과서, 수험서, 경제경영, 교양, 자녀교육, 취미실용 **www.gilbut.co.kr**
길벗스쿨 | 국어학습, 수학학습, 주니어어학, 어린이단행본, 학습단행본 **www.gilbutschool.co.kr**
인스타그램 · thequest_book | 페이스북 · thequestzigi | 네이버포스트 · thequestbook